品格

怎麼教②？ 低年級版

讀報與修辭寫作

吳淑玲　策畫主編

萬榮輝等　著

策畫主編簡介

吳淑玲

- 曾任教台北市立教育大學幼教系及多所大專校院幼保系,講授「兒童文學」、「幼兒文學與創作」、「幼兒資訊教學與應用」、「世界文學名著導讀」、「親職教育」等課程,目前為馬偕護校幼保系兼任講師
- 教育部語文教學專案研究、幼兒園、托兒所評鑑委員
- 全國「好書大家讀」年度總評審委員
- 各縣市故事志工培訓指導老師
- 國小及幼兒園輔導團「語文」、「性別平等」、「品格教育」行動研究指導老師
- 2006 年起,教育部五年輔導計畫公私立幼稚園、托兒所輔導老師
- 2006 ～ 2008 年台北市公立托兒所新移民及弱勢家庭語文督導
- 2007 ～ 2009 年桃園縣教育局托兒所、幼稚園、國小閱讀專案指導老師

作者簡介

作者簡介			
姓名	學歷	經歷	現職
萬榮輝	國立台北師範學院課程與教學研究所碩士	國小教師、組長、總務主任、教務主任、輔導主任、桃園縣國民教育輔導團成員	桃園縣大崗國小校長
魏慶雲	國立台北教育大學數學教育研究所	國小教師、組長、代理主任、桃園縣國民教育輔導團成員	桃園縣北門國小教師
黃瓊惠	台北市立師範學院學士	國小教師	桃園縣北門國小教師
黃淑芬	淡江大學學士	國小教師	桃園縣北門國小教師
李燕梅	國立嘉義大學學士	國小教師	桃園縣西門國小教師
林金慧	銘傳大學應用中文研究所碩士	國小教師	桃園縣同安國小教師
李明娟	國立海洋大學學士	國小教師、組長	桃園縣北門國小教師
呂宜靜	新竹教育大學學士	國小教師	台中市上安國小教師
陳杼鈴	新竹教育大學學士	國小教師	國小代課教師
褚雅如	美國奧本大學蒙哥馬利分校學士	國小教師	桃園縣同德國小教師
陳淑霞	台北市立教育大學數學資訊教育研究所碩士	國小教師、組長	桃園縣北門國小教師
劉惠文	國立嘉義大學學士	國小教師	國小代課教師

作者簡介			
姓名	學歷	經歷	現職
葉美城	國立花蓮師範學院學士	國小教師、組長	桃園縣北門國小教師
王勇欽	國立台中師範學院學士	國小教師、組長	桃園縣北門國小教師
林佩娟	國立台北師範學院課程與教學研究所碩士	國小教師、主任	桃園縣同德國小教務主任
陳鈺媼	新竹教育大學學士	國小教師	桃園縣同德國小教師
范郁敏	台東師範學院學士	國小教師	桃園縣同德國小教師
鄭伊妏	新竹教育大學學士	國小教師	桃園縣莊敬國小教師

張 序

生命之可貴，在於永遠有令人驚喜的柳暗花明。

教育之可貴，在於永遠能激發孩子心性裡的真、善、美。

由於執掌著全縣教育政策的執行與考核，便有許多與各級學校教師們面對面接觸的機會。接觸中發現：不管在怎樣的單位裡，總能看到全心為教育付出的老師們。這些老師身上所散發出的光與熱，常讓我為之驚喜：為莘莘學子能有幸接受最生動活潑的學習而驚喜，也為教育能量的充分發揮而驚喜。看著這些身在第一線的教師，努力的讓我們的孩子獲得更多、更好的學習，除了驚喜，更有許多欽佩。

在這些令人欽佩的老師們中，有一群最基層的國小教師們，近三年來不停的在「閱讀」、「寫作」與「品格」的教學上積極研究，嘗試著以各種素材作為教學內容，期待以最生動而有效的方式，給學生帶來不一樣卻精彩無比的學習過程。去年他們將教學過程整理成一本行動研究報告《品格怎麼教？》，已由心理出版社發行，並成為本縣專書研讀的指定書籍之一。如今他們又將最新的行動研究內容，集結成冊，要與大家分享他們的成果。

這種自發性的研究，與本處近年一直推動「在原有的課程內，以不增加教師備課的時間與難度的情況下，精進教學能力與技巧」的理念恰好不謀而合。

本套書的研究團隊，在吳淑玲教授的指導下，利用一年時間，研究的教學方向是：以國語日報為素材、以自學為基礎、以品格為中心，同時融入了修辭與寫作的內容。其目的則為：使用學生、家長或老師可以簡單取得的學習素材，利用有系統的學習指導，自學完成各單元的學習單，達成品格與寫作的學習效果，而且不增加教師或家長的負擔。

　　本套書的內容涵蓋了低、中、高年級的學習進度，依不同年段給予不同的深度與廣度的指導與學習。其中最特別的是為各年段學生設定學習常模，使指導者可以有學習成效的考核依據。這份學習常模的內容與九年一貫的能力指標並不相同，乃是根據團隊中資深教師在長久的教學歷程中，對學生的學習狀況及能力表現之觀察所得。常模中所列的條目儘管不多，卻深具參考價值，也是研究團隊中資深優良教師的經驗結晶。

　　好的教學經驗值得分享，好的教學方法應該傳承，好的學習環境需要家長、教師與行政單位的互相配合。教與學之中對師與生所產生的感動與成長，是所有教育從業人員生命中永不停止的驚喜。期待所有的教師都能成為學生學習過程中的貴人，共同見證孩子所散發出的真、善、美。因為惟有教師的誨人不倦，才能成就百年樹人的國家大計。

桃園縣教育處處長

張明文 博士

歐 序

　　「倫理道德該怎麼教?品格該如何培養?」這是許多父母和教師在面對家庭與社會教育功能式微、甚或負向影響漸顯之際,心中產生的疑惑。根據《天下雜誌》進行的「學生品格教育大調查」統計,有七成以上的受訪家長和老師,認為國中小學生的品格教育比十年前還差,更令人憂心的是,老師們覺得自己的影響力不及電視傳媒的炒作,也不如兒童同儕的相互影響。究竟學校和教師對於孩子的品格養成還能扮演什麼樣的角色?

　　桃園市北門國小的一群老師們長期關注品格教育,在萬榮輝主任帶領下,以輕鬆而多元的方式來實施品格教學,這套書就是他們的研究成果。書中的教學活動嘗試運用報紙作為教材來源,讓孩子在學會認識報紙、閱讀報紙文章與聽聞社會時事的同時,發現其中蘊含的品格內涵;再透過討論與體驗的活動,讓孩子從反省自己的行為中,體會良好品格的意義,並在日常生活中實踐出來。這種教學過程將知識、反省、體驗和實踐統整於生活中,應該是實施品格教育最有效的方法。

　　本套書的另一個特色是,除了讓孩子建立良好的品格行為外,也設計了一系列認識修辭的教學單元,例如從順口溜中認識修辭,從報紙文章中發現修辭,再從例句中去運用修辭。讓孩子在閱讀報紙的同時,不但能知曉天下國家之大事,培養其寬宏的態度與世界觀;認識與體驗品格的意義內涵,涵養其正確的品格與人生觀;甚至學習到文章中文藻修辭之美,進而提升其語文的欣賞與運用能力。

　　品德教育屬教育之基礎工程,其重要性不可言喻。但品格的涵養卻需長時間的播種。父母和教師如果能將家庭和學校耕耘為品格的苗圃,用心灌

溉，品格一定會在孩子內心生根。希望這本書提供的經驗和實例，激發教師和家長們的創新與靈感，一起荷鋤播種，共同努力，培養有品格的下一代！

大同大學通識教育中心

歐用生

2008 年 5 月

策畫主編序

讀報教學，建立品格好典範

~ 培養「分析、思辨和實踐的品格力」

⊙ 什麼是「NIE」？

　　NIE（Newspaper In Education）指的是「讀報教育」。讀報教育起源於 1955 年的美國，目的是為了提升學童的讀寫能力，養成閱讀習慣。超過 20 年的推廣，每年南加州地區 35 所以上學校，超過 5 萬名學童受惠。多年來總計有 1300 萬份報紙送到兒童的手上。目前美國 40% 公立中小學實施，超過 1000 萬學生參與。以紐約市小學生為例，各科表現提升，文章解讀能力更提高了四倍之多。

⊙ 為什麼要倡導讀報？

　　聖地牙哥大學教育系專研讀寫領域的 Edward F. DeRoche 教授（dean of the School of Education at the University of San Diego）指出，「當今社會中有些成人低成就，是因為欠缺基礎的讀寫能力。提供報紙鼓勵學童閱讀，在教育上有適時的支持點，能為學童打開世界之窗，邁向成功之路。」報紙提供即時資訊，報導內容涵蓋全球，措辭遣字言簡意賅，是培養讀寫能力的好教材。

⊙ 哪些國家實施NIE教育？

　　北歐的挪威、瑞典，將 NIE 納入學校教育，法國有政府支援，從幼稚園開始推動，日本成立 NIE 全國中心，新加坡政府支援，學生人手一報。NIE 教育推廣，需要民間與政府一起投注心力，更能顯見成效。

⊙ 報紙在小學教學上的應用

　　「認識報紙」、「解析時事」、「語文練習」是讀報教育的基模，師生共同蒐集各篇報導，不僅關心時事，更能學習修辭，進一步以品格德目為探討主軸，將「品格、讀報、寫作」緊密的連結。

實施方式：

1. 採用一班一報制，分組蒐集相關品格文章。
2. 認識各修辭法（請參考低中高年段閱讀架構表）
3. 認識各品格定義（本套書以六大品格「關懷、尊重、信賴、誠實、責任及公平正義」為主）
4. 創意寫作練習
5. 遊戲活動設計
6. 品格行為檢核

⊙ 內容介紹

　　本套書共分低年級、中年級和高年級三部分。

低年級讀報教學精彩內容，包括：

1. 讀報教學：「知識百寶袋」活動。
2. 寫作教學：「故事藏寶圖」、「修辭加油站」、「語詞萬花筒」、「童話狂想曲」、「圖像急轉彎」等。
3. 品格教學：「品格放大鏡」活動。

中年級讀報教學精彩內容，包括：

1. 品格新聞／品格文章。
2. GPS（衛星導航）找新聞基本元素／找文章大意。
3. 佳言美句PDA：找出文章中的佳言美句。
4. 修辭下午茶：由文章的句子進行修辭練習。

5. 品格搜查隊：品格內涵的認識、品格相關的活動。

6. 品格一線牽：勾選出具品格代表性的古今中外名人或事件。

7. 品格名言：列出許多偉人的品格名言。

8. 文章放大鏡：延伸介紹文章中提到的歷史、自然、時事、生活常識、語文遊戲等。

9. 品格溫度計：寫出自己生活中符合該項品格的事例，然後在溫度計中標示達到的程度。

高年級讀報教學精彩內容，共三部分：

1. 分別選用六大品格的文章，透過「品格 E.Z. go」的活動，加強對六大品格的認識。

2. 以「鳳博士講座」、「豹博士講座」的形式帶領孩子認識六種作文常用的開頭與結尾寫法。藉由分析文章的開頭結尾結構，以及範文的舉例，讓孩子能夠了解這些用法。再利用不同的練習方式，如：圖片情境寫作、短文情境寫作、剪報活動、仿寫等，再次加深孩子對這些開頭結尾法的使用。

3. 為了銜接低、中年級的修辭教學，高年級版中將帶領學生認識較難的六種修辭法——排比、映襯、借代、轉化、頂真、層遞，利用配對、填空、仿寫的方式，讓孩子能夠在讀報遊戲中學習修辭。

　　此外，低中高各年段均有「聆聽態度」、「語言表達」、「閱讀能力」、「文字表達」、「學習成效」表單，提供學生自我能力檢核；並附有全國適用的低中高年段學生的「閱讀與寫作能力指標」，提供家長與教師參考。而培養「分析、思辨和實踐的品格力」是讀報與品格教學研究的主要目的。

　　品格與讀報研究歷時兩年，老師們任教於各校，均利用課餘時間（寒暑假亦同）主動且積極研討。分組研究，集體報告，共同分享，是讀報與品格小組的執行模式。各年段資訊交流，拓展自己的教學視野；就事論事的提

問，提升自己的教學專業；珍貴解析品格與修辭經驗，讓我們全盤了解一至六年級學童的語文修辭必要養成要素，並深刻體會到品格養成的重要。期間有多位老師考上研究所，課業繁重，仍持續參與研究，努力的精神令我們十分感佩！很榮幸與這一群對教學有熱忱，對語文有熱愛的老師共事！

感謝桃園市北門國小林校長梅鸞鼎力支持，萬主任榮輝積極推動，各年段召集人魏慶雲老師、陳淑霞老師的協助，還有研究小組每位老師的認真投入。當然，還要感謝心理出版社林總編輯的肯定及文玲編輯的耐心聯繫，專業編排，讓這套書能章節分明的呈現在每位讀者面前。

期盼各位教育先進不吝指正！！

吳淑玲
謹誌於台北 2008 年夏

作者序

《品格怎麼教 2 ？讀報與修辭寫作》當您拿到這本書時，您期待看到的是什麼？我們期待能讓您看到的是品格的探究、讀報的能力與寫作技巧的建構，一個一魚多吃，三者兼得的內容。

品格、創意、語文是未來的競爭能力所在，但我們並未有「孩子你不能輸在起跑點上的想法」，我們只希望孩子能提早建立閱讀習慣，提供孩子一個豐富的品格閱讀環境。希望當環境產生了質變，行為與思考也就會跟著產生改變。所以書中練習題多以勾選或填空方式呈現，希望小讀者能在一個無壓力狀況下學習，結合閱讀活動，兼顧語文和品格能力提升。

「種一個意念，收一個行動；種一個行動，收一個習慣；種一個習慣，收一個品格；種一個品格，收一個命運。」孩子品格力培養的最好時機與效果就在實際的生活裡，而更重要的影響還是在大人們身教、言教潛移默化中。當我們願意用心和行動來多陪孩子走一段路，培養他們良好的品格，給予他們正確的價值，這將是孩子們最美的資產。

北門國小輔導主任

萬榮輝

目錄

教學設計單元一覽表

認識報紙

閱讀報紙前，首先需要先認識報紙，要知道的部分如下：

一、認識報紙版面

1. 知道版名、刊頭、發行日期等。

2. 認識各版的特色，如：體育、文藝、社會新聞、國際新聞……等。

二、知道如何閱讀報紙文章

1. 閱讀的方式，如：應該由上到下，由右到左的閱讀文章（直書的版面），或由左到右，由上而下的閱讀（橫書的版面）。

2. 閱讀的內容應注意：標題／題目、記者／作者、插圖、圖片解釋。

三、進行剪報時應注意的資訊

1. 記錄下「報紙來源」、「日期」、「版名」等。

2. 認識新聞稿的重要內涵 —— Where（何地）、When（何時）、What（什麼）、Who（何人）、Why（為什麼）、How（如何）。

四、 發現文章或報導中品格的元素

1. 能指出文章內所表現出的人、 事與哪一項品格相關。

2. 能分辨其所呈現的品格項目， 是正向的抑或是負向的表現。

3. 能根據文章內容做自我檢討。

開始練習吧！

【學習單一】

讀報小達人（一）

👣 我是讀報小達人：＿＿＿＿＿＿＿＿＿＿＿＿＿

👣 今天我讀的報紙是：＿＿＿＿＿＿＿＿＿＿＿＿

👣 今天報紙出刊的日期是：

中華民國＿＿＿＿年＿＿＿＿月＿＿＿＿日　星期＿＿＿＿

👣 我在這份報紙上看到了：

〈看到的請打勾，可以複選喔！〉

□ 報紙名稱　　□ 今天的日期和天氣
□ 訂報電話　　□ 投稿文章　　□ 新聞
□ 照片　　□ 節目表　　□ 廣告　　□ 漫畫
□ 徵稿啟示　　□ 新聞記者（文章作者）
□ 投稿繪畫作品　　□ 版面編號及版面名稱
□ 還有＿＿＿＿＿＿＿＿＿＿＿＿＿＿＿＿＿＿＿

👣 連連看：　我知道報紙刊頭的意思是

焦點新聞 ★　　★ 自然科學類知識新聞
地方新聞 ★　　★ 各地方發生的事件與消息
文教新聞 ★　　★ 小朋友的繪畫作品欣賞
科學教室 ★　　★ 今天最重要的頭條新聞
藝術教室 ★　　★ 文化與教育相關的新聞

【學習單二】

認識報紙大進擊

_____年_____班　姓名_____

聰明的小朋友：

　　現在你對報紙一定不陌生了吧！　請你趕緊拿出手邊的報紙，　看著報紙的版面，　好好的來認識一下報紙吧！

　　「版面」是指報紙的外在面貌，　報紙版面的各部分名稱和訊息也各有不同，　我們先從第一張開始，　認識報紙的「報頭」和「報眉」。

報眉 →

| 1 焦點新聞 | ○○日報 | 中華民國九十五年十一月七日／星期二
農曆丙戌年九月十七日 |

2008 桃園創意城教育新視野

　　　　　　　　一向非常重視基層教育的桃園縣縣長朱立倫，為培養縣內未來主人翁具有創新思考、批判思考及解決問題之未來世界公民的重要基礎能力。自94年度開始即指示教育局規劃縣內中小學創造力教育之推動，為求本縣創造力教育的活化與深耕，教育局規劃以「建構桃園縣不同領域的創造力教育燈塔學校」為願景，讓整個縣創意起來為主軸核心，全面推動創造力教育。

○○日報

報頭 ←

　　你從報紙中找到了這些地方嗎？ 請你試著從報紙中找出這些問題的答案：

1. 你手中報紙的出刊日是：

中華民國＿＿＿＿年＿＿＿＿月＿＿＿＿日

2. 本份報紙的創刊時間是：＿＿＿＿＿＿＿＿＿＿＿＿

3. 請你寫出報頭中本報的名稱：

＿＿＿＿＿＿＿＿＿＿＿＿＿＿＿＿＿＿＿＿＿＿＿＿

　　認識了報紙的「報頭」和「報眉」之後，我們來了解這份報紙的其他內容！

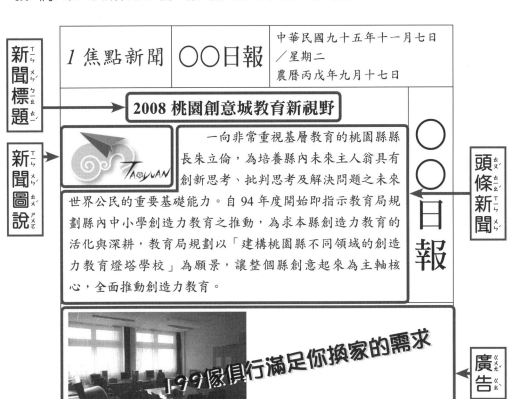

新聞標題

新聞圖說

頭條新聞

廣告

1 焦點新聞　　○○日報

中華民國九十五年十一月七日／星期二
農曆丙戌年九月十七日

2008 桃園創意城教育新視野

TAOYUAN

　　一向非常重視基層教育的桃園縣縣長朱立倫，為培養縣內未來主人翁具有創新思考、批判思考及解決問題之未來世界公民的重要基礎能力。自94年度開始即指示教育局規劃縣內中小學創造力教育之推動，為求本縣創造力教育的活化與深耕，教育局規劃以「建構桃園縣不同領域的創造力教育燈塔學校」為願景，讓整個縣創意起來為主軸核心，全面推動創造力教育。

○○日報

J-99傢俱行滿足你換家的需求

請來電：168168168

　　通常今天最重要的新聞會放在第一張報紙的頭條新聞中，請你將手中報紙頭條新聞的新聞標題寫出來：

_____

請你寫出手中報紙的「新聞圖說」主題是什麼？

_____

你可以為「新聞圖說」想想另外一個主題嗎？

_____

看完第一張，我們趕緊翻開報紙的其他版面，每個版面都有不同的名字和內容喔！

13 教育　　○○日報　　中華民國九十五年十一月七日／星期二
農曆丙戌年九月十七日

版名　專欄

演出聲命的熱力與創意

品格、創意、語文是未來的競爭能力所在，但我們並未有「不能輸在起跑點上的想法」，我們只希望孩子能提早建立閱讀習慣，提供孩子一個豐富的品格閱讀環境。希望當環境產生了質變，行為與思考也就會跟著產生改變。所以書中練習題多以勾選或填空方式呈現，希望小讀者能在一個無壓力狀況下學習，結合閱讀活動，兼顧語文和品格能力提升。

「種一個意念，收一個行動；種一個行動，收一個習慣；種一個習慣，收一個品格；種一個品格，收一個命運。」孩子品格力培養的最好時機與效果就在實際的生活裡，而更重要的影響還是在大人們身教、言教潛移默化中。當我們願意用心和行動來多陪孩子走一段路，培養他們良好的品格，給予他們正確的價值，這將是孩子們最美的資產。

北門國小為配合本月份身心障礙宣導月主題「因為有愛，幸福無礙」活動，引導學生進一步理解及關懷身心障礙者，甚至向身心障礙者學習其不畏天生困境而勇於追求自己夢想的精神，特地利用11月9日上午時間邀請街頭視障歌手阿邦到校進行街頭演唱，並於期間與全校學生分享其創作的奮鬥歷程，同時與全校學生共勉。

阿邦本名徐承邦，民國74年生，因早產導致雙目失明，民國80年進入台北啟明學校就讀。從小，在爺爺的薰陶下，開始接觸音樂，學習吹奏口琴，在啟明學校就讀期間，接受更有系統的音樂訓練，先後加入符音合唱團、小精靈樂團。

也許是因為看不見的關係吧！玩起音樂來格外專注認真。對節奏有一種與生俱來的獨特敏銳感覺。他也發現，越是了解音樂，對音樂的喜愛越發狂熱，更想把這種感動，分享給所有認識與不認識的朋友。

北門國小今日的身心障礙宣導活動，除了帶給全校師生不一樣的體驗外，也讓小朋友相信只要發揮自己的優勢智慧，認真努力地追求夢想，生活一樣可以過得很精彩。

請你翻翻報紙， 將每個版面的名稱寫下來：

第一版：＿＿＿＿＿＿　　第二版：＿＿＿＿＿＿＿

第三版：＿＿＿＿＿＿　　第四版：＿＿＿＿＿＿＿

第五版：＿＿＿＿＿＿　　第六版：＿＿＿＿＿＿＿

第七版：＿＿＿＿＿＿　　第八版：＿＿＿＿＿＿＿

第九版：＿＿＿＿＿＿　　第十版：＿＿＿＿＿＿＿

第十一版：＿＿＿＿＿　　第十二版：＿＿＿＿＿＿

第十三版：＿＿＿＿＿　　第十四版：＿＿＿＿＿＿

第十五版：＿＿＿＿＿　　第十六版：＿＿＿＿＿＿

你最喜歡的版面是＿＿＿＿＿版， 為什麼？

＿＿＿＿＿＿＿＿＿＿＿＿＿＿＿＿＿＿＿＿＿＿＿＿＿

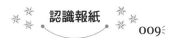
【學習單三】

讀報小達人（二）

👣 我是讀報小達人：_____

👣 我剪報的標題是：

_____

👣 在這篇剪報裡出現的人物有：

_____

👣 請完整的剪下一則關於_____的文章或
報導貼在下面，並寫出來源、日期和版面。

┌─────────────────────────────┐
│   │
│   │
│   │
│   │
│   │
│   剪報黏貼處   │
│   │
│   │
│   │
│ 剪報來源：_____報   │
│ 日期：_____年_____月_____日   │
│ 版面：第_____版 版名_____   │
└─────────────────────────────┘

【學習單四】

🗄️ 我是剪報高手

_____年_____班_____號　姓名_____

剪報高手		剪報日期	
剪報來源／日期		版面名稱	
剪報內容			

剪報黏貼處

看了這篇文章，我的心得感想：

_____

_____

_____

_____

低年級課程設計理念說明

一、關於低年級的品格與寫作教學

　　教育部近年來大力提倡品格融入教學，希望藉著教育提升孩子對品格的認識，進而讓孩子在生活中將品格化為行動力在生活中實踐。但是低年級的孩子一方面仍在他律期，一方面對於閱讀及生活經驗的認知仍然不多，增加了教學上的困難度，也讓課程設計更有挑戰性。

　　因此，教學設計中我們以孩子有限的學習經驗為出發點，設計了以報紙為教材、品格為主軸的教學活動，讓孩子自學，希望能因此具體認識品格——關懷、尊重、誠實、責任、公平正義、信賴——的相關定義，並將心得、反省以行為反應出來。

　　儘管整個設計以學生自學為走向，但限於篇幅，學習單的數量不足，若是在教學中，教師或家長適時的為孩子做些解說，將能夠大幅提升學習的效果。

　　我們也建立了低年級學童閱讀與寫作的行為常模，期待以這個常模為規範，使孩子的自學能達到品行及寫作能力提升的目標。請老師或家長在孩子學習過程中，以這項常模作為檢驗孩子學習成果的評估。

二、低年級的學習架構

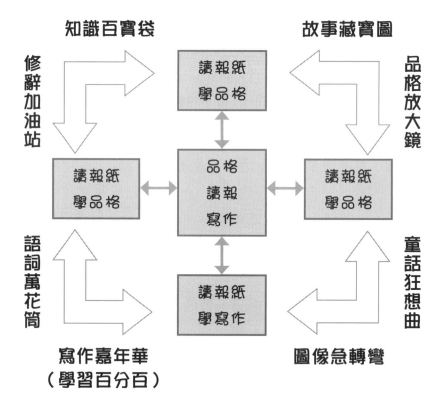

三、低年級學生閱讀與寫作常模

1. 當別人在發表的時候， 我會安靜聆聽而且尊重別人的意見。

2. 我會先舉手再發言。

3. 我喜歡閱讀。

4. 我能夠說出故事簡單的大意或故事的內容。

5. 我可以說出看過故事以後的心得。

6. 我可以看圖說出一個故事。

7. 我會用完整的語句表達意思。

8. 我可以很順利的讀出二百個字以內的文章。

9. 我認識名詞、動詞及形容詞。

10. 我看得懂圖畫要表示的意義。

11. 我可以把短的句子加長，也會照樣造句。

12. 我會利用修辭（擬人、譬喻、設問、類疊、摹寫、排比）法寫出句子。

13. 我看過文章後會寫出讀後心得。

14. 我看著圖片會寫出造句。

15. 我會運用標點符號。

16. 我看完文章，會分得清楚哪些行為是對的，哪些是錯的。

17. 看過故事裡不對的行為，我會提醒自己不可以做同樣的事。

四、教學內容及設計者

單元編號	負責人	品格項目	修辭項目	詞性或句型
一	黃瓊惠	關懷	摹寫	量詞
二	黃淑芬	尊重	排比	名詞
三	李燕梅	誠實	擬人	動詞
第一階段闖關考驗				
四	林金慧	公平正義	設問	形容詞
五	林金慧	信賴	類疊	相反詞
六	魏慶雲	責任	譬喻	句型
第二階段闖關考驗				

👣 每單元中所含學習單內容

編號	學習內容	活動名稱
1	剪報	知識百寶袋
2	閱讀與分析	故事藏寶圖
3	品格	品格放大鏡
4	句型、詞性	句型（語詞）萬花筒
5	修辭	修辭加油站
6	寓言、童話學品格	童話狂想曲
7	看圖像學品格	圖像急轉彎
8	檢核表	學習百分百

第一單元

知識百寶袋

 小朋友，下面是一篇剪報的內容，我們將要展開一趟學習之旅。你可以學到品格、語詞和修辭喔！

口足寫字真難 小朋友惜福

趙瑜婷／台北報導

資料來源：國語日報96年1月9日第16版兒童新聞

「為什麼筆都不聽話？」嘗試用嘴銜著筆或用腳趾頭夾筆寫字，出現的卻是一大堆歪七扭八的圖案！小朋友除了體驗身心障礙者的不方便，更了解要珍惜身體每一部位，並好好使用它們。

台北縣江翠國小昨天舉行「真誠體驗」集體創作，讓一、二年級學生把雙手收起來，再用口或腳夾筆在地上寫字，藉由當一名「口足畫家」，體驗身心障礙者的辛苦，進而關懷他們。

二年三班的陳佳珞把雙手放在背上，試著用嘴咬住彩色筆寫字，不過她發現，筆很滑，

在嘴裡歪來歪去，不好控制。寫出來的字更是歪七扭八，連寫自己最熟悉的姓名時，「東」寫成「車」、「口」寫成「〇」。二年四班的曾奕慈用右腳的腳趾夾住筆寫字，不過腳一直抖，根本寫不出一個字。

二年五班的黃向亨把筆含在嘴裡時，覺得快把筆「吞進去」了，那種喉嚨噎住的感覺很不舒服，尤其筆的粗糙表面在嘴裡磨來磨去，容易刮破皮，他很難想像那些口足畫家每天花那麼多時間用嘴或腳畫畫，而且還畫得那麼美麗。

黃向亨說，每次去菜市場都會看到一個沒有手的小販，剛開始覺得怕怕的，可是對方都會用微笑跟他打招呼，讓他感受到小販的開朗樂觀。陳佳珞說，曾看電視介紹有個人雖然沒有手，卻會用腳寫字、吃飯、甚至開車，非常厲害，他們克服困難，堅強的精神值得學習。

洪奕涵說，經過這次體驗，才知道身體每一部位的重要，平常應該要好好保護它們，不要受傷。陳佳珞則說，和殘障者比起來，自己的手腳健康，更應該把事情做好，如果連字都寫不好，豈不是辜負了自己擁有一副好身體的幸運。

👣 看完剪報內容， 請想一想， 並回答下面的問題：

1. （ 　 ）什麼叫做「真誠體驗」？

❶ 用真心， 認真的去嘗試和體會

❷ 真的去做

❸ 做實驗

2. （ 　 ）「珍惜」的意思是：

❶ 很可惜

❷ 真心愛惜

❸ 向人借東西

3. （ 　 ）「辜負」的意思是：

❶ 愧對人家的好意

❷ 要負責任

❸ 欠人錢財

4. （ 　 ）「開朗樂觀」的意思是：

❶ 雖然遇到困難， 還是很努力

❷ 開心玩樂

❸ 天氣晴朗

5. （ 　 ）「粗糙」的意思是：

❶ 表面摸起來滑滑的

❷ 表面摸起來粗粗的

❸ 一種米飯

故事藏寶圖

請仔細閱讀「口足寫字真難　小朋友惜福」這篇報導，找一找答案藏在哪裡，把正確的答案填進_____裡。

	口足寫字真難 小朋友惜福	
96 年 ___月___日		台北縣 _____國小

| 經過❶：
陳佳珞把手放在_____，用嘴咬住彩色筆寫字，很不好控制。 | 人物：
_____、
_____、_____ | 經過❷：
曾奕慈用_____夾住筆寫字，腳一直抖，根本寫不出一個字。 |
| 經過❸：
黃向亨把筆含在嘴裡時，___感覺很不舒服。 | 結果：
大家知道要好好保護_____。而且自己的_____健康，應該要把事情做得更好才對。 | 經過❹：
他們曾經看到沒有_____的小販，開朗樂觀。看到沒有手的人，用_____寫字、吃飯、開車。 |

✳ 品格放大鏡 ✳

📦 什麼是「口足畫家」？

「口足畫家」是身心障礙者，他們克服肢體的不方便，努力的練習，而使自己在繪畫上有令人激賞的成就。

在我們生活的周遭，也常會遇到身心障礙的朋友。他們都活得很樂觀、開朗。他們克服各種困難，以堅毅的精神，走出自己，實在令人非常敬佩，更是值得我們這些肢體健全的人去效法和學習。

小朋友，你是不是認識謝坤山、楊恩典、陳世峰、林秋紅？他們都是台灣知名的口足畫家喔！有機會可以去多多了解他們的世界！

> 你知道有什麼方法
> 可以進一步認識
> 口足畫家嗎？

我的答案：＿＿＿＿＿＿＿＿＿＿＿

對口足畫家多一點認識（一）

台灣口足畫家謝坤山

謝坤山非常樂觀，對於自己的殘障他從不失意。他用更積極的態度去面對生命。他認為：即使沒有手、沒有腿、沒有眼睛都無所謂，只要有心；有心就能做任何想做的事，有心就能走任何想走的路，有心就能看清世間的冷暖無常。

對口足畫家多一點認識（二）

台灣口足畫家楊恩典

她的口述著作：《擁抱，生命中的每一分鐘》

她是一個沒有手，生命差一點成為標本的女孩。但她依然認真、努力的揮灑，讓生命的色彩絢爛耀眼。她珍惜生命中的每一分鐘，要讓自己擁抱生命，而不是被生命限制住自己。

👣👣 看完上面這兩段文章，你有什麼感覺呢？下面的感覺，你認為正確的請在（ ）中打✓。

1. （　）對身心障礙朋友非常敬佩。雖然他們有各種缺陷，但是他們不放棄，繼續努力勇敢的活下去。

2. （　）他們會克服困難，用心去達成任何事情。

3. （　）他們不向生命低頭，勇敢的走出生命的缺陷。

4. （　）他們希望靠自己的力量，用心努力的做。

5. （　）我們要向他們學習，用勇敢和毅力去克服任何困難。

6. （　）他們的表現值得大家敬佩和尊重。

7. （　）人不要被困難打倒，從困難中更能成長和茁壯，成為一個被大家欣賞的人。

👣👣 讀完「口足寫字真難　小朋友惜福」的內容後，你覺得這篇剪報的內容和哪一種品格比較有關？請把你的答案塗上顏色。

| 關懷 | 誠實 | 責任 | 公平正義 |

👣 下面的理由你認為正確的請在（　）中打✓。

1. （　）因為身心障礙朋友沒有手或腳很不方便，需要大家多一些關懷。

2. （　）因為身心障礙朋友都很依賴別人。

3. （　）我們要替身心障礙朋友多想一想，他們有哪些需要幫助的地方。

👣 如果你遇到身心障礙的朋友，你會怎麼做？下面的做法你認為正確的請在（　）中打✓。

1. （　）很害怕不敢靠近他。

2. （　）可以對他們微笑，和他們做朋友。

3. （　）向他們學習，還可以和他們共同合作。

品格小天使

親愛的小天使您好：

　　我們班上有一位同學，他的身高比大家矮，眼睛很大，可是臉很小。

　　看到他的身體和我不一樣，覺得他很可憐。每次想靠近他，心裡卻有些害怕。這件事讓我好難過，不知道該怎麼辦才好？請品格小天使幫幫我吧！

小玉上

親愛的小玉妳好：

　　妳班上的這位小朋友雖然在身體上和我們有些不一樣，但是他和大家一樣需要朋友，需要玩伴。他不希望大家用怪異的眼光看他，只要多給他一點關懷的心，就是給他們最好的禮物。

　　妳可以從簡單的一句話──「你好！」開始妳和他的友誼。時常對他表示關懷的心，去了解他、關心他，相信他一定能感受到妳的真心誠意，和妳做好朋友。這樣，妳就會覺得很快樂。

　　祝妳有關心、愛心、快樂心

　　　　　　為妳加油的小天使上

談關懷

　　小朋友的相處常常只注意到好玩、好笑，卻往往忽略了別人的感覺，是不是很舒服。所以我們要時常去注意別人的感受，在適當的時候表現出你的關心、愛心，去關懷對方，相信人和人之間一定能有更真誠的交流。例如：當別人難過的時候，就不應該嬉鬧、開玩笑，而應該去關懷、詢問，了解原因，並表示關心才對喔！

關懷大檢測

👣 想一想，下面的關懷行為你做到了嗎？ 請打 ✓。

家庭生活方面

是	否	項　　目
		父母親身體不舒服，我會關懷他們。
		父母不在時，我會主動關懷弟妹。
		父母上班很辛苦，我會幫忙做家事。

學校生活方面

是	否	項　　目
		看到同學有困難，我會去關懷他。
		看到同學受傷了，我會去關懷他。
		同學難過時，我會去關懷他。

量詞萬花筒

認識量詞

　　當我們要數出數量不只一個的人、事、物或動作時，就要使用到量詞。量詞又分為：表示人、事、物的單位叫物量詞（如：隻、枝、顆、棵、公斤、公尺）；表示動作或行為的叫動量詞（如：次、趙、遍、遭、回）。

下面是剪報內容的句子，請把量詞找出來，並塗上顏色！

✿ 一大堆圖案	✿ 當一名口足畫家
✿ 一雙手	✿ 一個沒有手的小販
✿ 擁有一副好身體	✿ 寫不出一個字

連一連：請找出適當的量詞！

三隻　　五束　　一張	一堆　　兩打　　六雙
●　　　●　　　●	●　　　●　　　●
●　　　●　　　●	●　　　●　　　●
氣球　椅子　小豬	書　汽水　筷子

修辭加油站

「摹寫法」的魔法術

當我們在描寫事物的狀態時，要如何讓人有更清楚、具體的感受呢？

我們可以藉著眼、耳、鼻、口或觸覺的感受，把事物的形狀、顏色、聲音、氣味等，做具體、清楚的描寫。這樣可以使人對句子產生更深刻的體會和更真實的感受喔！

唸唸看，你會更了解摹寫法喔！

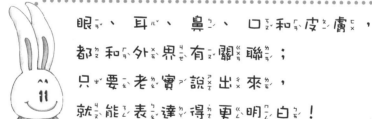

眼、耳、鼻、口和皮膚，
都和外界有關聯；
只要老實說出來，
就能表達得更明白！

找找看

下面是「口足寫字真難　小朋友惜福」中的句子，它們是用哪一種摹寫法描寫的呢？（請把它圈出來）

❶ 嘗試用嘴銜著筆或用腳趾頭夾筆寫字，出現的卻是一大堆歪七扭八的圖案！

這一句是用（視覺、聽覺、嗅覺、味覺、觸覺）的感受去描寫的。

❷ 不過她發現，筆很滑，在嘴裡歪來歪去，不好控制。

這一句是用（視覺、聽覺、嗅覺、味覺、觸覺）的感受去描寫的。

❸ 筆的粗糙表面在嘴裡磨來磨去，容易刮破皮。

這一句是用（視覺、聽覺、嗅覺、味覺、觸覺）的感受去描寫的。

❹ 把筆含在嘴裡時，覺得快把筆「吞進去」了，那種喉嚨噎住的感覺很不舒服……

這一句是用（視覺、聽覺、嗅覺、味覺、觸覺）的感受去描寫的。

童話狂想曲

　　可憐的拇指公主在睡夢中，被癩蝦蟆抓去做新娘子了。後來又在被螯蝦把莖剪斷的葉子上飄流著。拇指公主正擔心又害怕，這時蝴蝶飛來，救了她。突然一陣啪啪的聲音，可憐的她又被一隻甲蟲抓走了。

　　甲蟲正高興的向同伴炫耀新娘子有多美麗時，卻被大家嫌棄拇指公主沒有鬍子、沒有翅膀，只有兩隻腳，長得真是奇怪呀！於是甲蟲就丟下拇指公主，和同伴一起飛走了。

　　獨自在森林中的拇指公主，又餓又冷，她四處找食物。天空又開始下雪了，拇指公主鼓起最後的力氣，走到野鼠媽媽的門口。好心的野鼠媽媽給她食物吃，又收留她。

　　可是，疼愛拇指公主的野鼠媽媽，答應了鼴鼠，要把拇指公主嫁給牠當新娘子。

　　傷心的拇指公主發現了一隻受傷的燕子，她細心的照顧牠，直到燕子能飛回南方。

　　和鼴鼠結婚的日子到了，姆指公主流著眼淚和大家道別。這時飛來一隻燕子，背起拇指公主，飛向天空。載著她飛向花國，和王子結婚，過著幸福快樂的日子。

這個故事中「傷心的拇指公主發現了一隻受傷的燕子，她細心的照顧牠。直到燕子能飛回南方。」是和哪一種品格有關呢？請在□中打 ✓。

□ 誠實　　　□ 關懷　　　□ 責任
□ 信賴　　　□ 尊重　　　□ 公平正義

你這樣覺得是因為拇指公主自己的遭遇這麼＿＿＿＿＿＿，卻還能用愛心、耐心去照顧受傷的＿＿＿＿＿＿。

故事中，你喜歡哪些角色？

_____

故事中，你不喜歡哪些角色？

_____

圖像急轉彎

小朋友請你仔細看一看下面的圖像故事，再回答問題。請在正確答案的□打✓。

1.		□ ㄅ 小女生扶小男生去擦藥。 □ ㄆ 小男生哭著要棒棒糖吃。
2.		□ ㄅ 兩個小朋友都很規矩的玩盪秋千。 □ ㄆ 小男生玩盪秋千的動作很危險。
3.		□ ㄅ 一個小男生從秋千上跌下來。 □ ㄆ 小女生不理跌倒的小男生。
4.		□ ㄅ 老師稱讚小女生的行為。 □ ㄆ 老師責備小女生的行為。

這個故事發生的順序應該如何排列？ （請寫號碼）

（　　）→　（　　　）→　（　　　）→　（　　　）

請你想一想， 小女生所表現的是哪一種品格呢？ 請在□ 打 ✓ 。

□ 誠實　　　□ 公平正義　　　□ 關懷

□ 信賴　　　□ 責任　　　　　□ 尊重

✳ 學習百分百 ✳

👣 學習完這個單元， 請在下面的問題中勾選出你學習的成果。

檢核項目	不太會	有點會	很會	非常會	完全會
我對關懷的了解					
我會做關懷的事					
我對量詞內容的了解					
我會用摹寫法修辭					

知識百寶袋

小朋友，下面是一篇剪報的內容，我們將要展開一趟學習之旅。你可以學到品格、語詞和修辭喔！

為別人著想

作者：凃思羽（新竹縣芎林國小六年丁班）
資料來源：國語日報95年11月6日第10版
兒童園地

爸爸職務升遷那天，心情很好，決定全家人出去吃晚餐。出門以前，爸爸問大家：「你們想吃什麼？」

「滷肉飯！」妹妹興奮的搶答。

「我想要吃水餃！」我跳著說。媽媽說她很想吃牛肉麵。

「吃水餃！水餃！水餃！」我喊著。

「我不管，我要吃滷肉飯！」妹妹不甘示弱的說。火藥味越來越濃，眼看一場家庭大戰即將爆發。

爸爸靈機一動，對大家說：「那麼我們到

百貨公司的美食街好了！那兒什麼都有。」這個提議兼顧不同的需求，大家都贊成。

想玩的項目不同，想去的地方不一樣，想看的節目各有所好，這種意見不同的情況，每個家庭都會遇到。如果堅持己見，不肯妥協，就可能引發一場紛爭。解決紛爭，通常都是由父母的權威，或者誰哭喊得最大聲決定勝負；可是這麼一來，家庭氣氛就會弄僵，怨氣累積在心裡，反而形成了不定時炸彈。

我家就不一樣，雖然不是每次都能皆大歡喜，但是不會有人不高興或不服氣。例如，妹妹想去遊樂園，我想去看電影，媽媽就會說：「今天時間比較長，比較適合去遊樂園，下次再找時間去看電影。」大家都欣然同意。

有一次，爸爸帶了兩個玩具回來，要妹妹先選，妹妹指著其中一個玩具說：「姊姊喜歡藍色，藍色的小熊給她。」因為爸爸、媽媽用理性的方式溝通，無形中也讓我們學會體貼別人的需求。所以，我和妹妹處理事情，也會為別人著想。

避免紛爭的方法有多種，但是有一個共同點，就是為別人著想，也就是不要把「我」擺在第一位。「我為人人，人人為我。」縮小自己，是我家氣氛和樂的不二法門。

👣👣 讀一讀、 想一想

1. （　）爸爸職務升遷那天， 要帶大家去吃晚餐， 當時妹妹想吃什麼？
   ❶ 水餃
   ❷ 滷肉飯
   ❸ 牛肉麵

2. （　）思羽的妹妹不甘示弱的說， 其中「不甘示弱」的意思是：
   ❶ 沒有表現出懼怕的樣子
   ❷ 不甘願的樣子
   ❸ 比較弱小

3. （　）火藥味越來越濃， 其中所說的「火藥味」是指：
   ❶ 炸彈
   ❷ 彼此對立的氣氛
   ❸ 火藥的味道

4. （　）家裡發生了紛爭， 要解決的最好方法是：
   ❶ 堅持己見， 不肯妥協
   ❷ 把怨氣累積在心裡
   ❸ 理性溝通， 體貼別人

5. （　）思羽家氣氛和樂的原因是：
   ❶ 多為別人著想
   ❷ 不把「 我 」擺在第一位
   ❸ 以上都對

仔細讀過「為別人著想」這篇文章以後，讓我們來回答下面的問題。

人物有：
＿＿＿、＿＿＿、
＿＿＿、＿＿＿。

時間是：
＿＿＿＿＿＿＿
的那天

文章名稱：
＿＿＿＿＿＿

討論的事情：

爭執的事情：
妹妹要吃＿＿＿＿
作者要吃＿＿＿＿
媽媽要吃＿＿＿＿

結果：＿＿＿＿＿＿＿＿＿＿＿＿
＿＿＿＿＿＿＿＿＿＿＿＿＿＿

品格放大鏡（一）

　　我們的生活中常會有些事情需要做決定，一般處理的方式有：少數服從多數、由長者決定、有權勢的人說話算數。這些方式可能暫時把事情解決了，但是也可能有人不服氣，你最常用哪一種方式解決事情？你有更好的解決方法嗎？請說說看。

　　在「為別人著想」這篇文章中，依照每個人不同的需要，選擇對大家比較有利的建議，做出皆大歡喜的決定，你認為這是哪一種品格表現呢？請把答案塗上顏色。

| 關懷 | 信賴 | 尊重 | 公平正義 |

怎樣做才是為別人著想？ 對的請在 （ ） 中打

✓ 。

1. （ ） 看電視、 聽廣播時， 音量不要太大聲。

2. （ ） 需要排隊時， 絕不插隊。

3. （ ） 公園的花開得很美， 摘回家插花瓶。

4. （ ） 別人的信件或東西， 不要隨便翻閱、 移

動。

5. （ ） 進去別人的家或房間， 可以不用敲門。

6. （ ） 跟別人講話時， 眼睛要看著對方。

7. （ ） 只要自己高興， 什麼事情都可以做。

8. （ ） 自己的家人在說話， 插嘴沒有關係。

品格放大鏡（二）

 談尊重

　　小朋友，當你正在開心的看著故事書，旁邊卻有人在大聲的聊天，使你不能專心的沉浸在故事的境界裡。或者是當你走在路上，突然從身邊衝出一輛腳踏車，不但把你嚇一跳，更讓你在驚嚇中跳到馬路上，差點被疾駛而過的汽車撞到。遇到這樣的情形，你的心裡會不會很生氣？

　　為什麼我們會碰上這些事情呢？

　　這是因為有些人並不懂得尊重別人，為了自己的方便或是快樂，卻給別人帶來不便與痛苦。這樣的人，往往是團體裡最不受歡迎的人物。

　　有一句話說：「己所不欲，勿施於人。」這就是說：自己不喜歡的事情，也不要對別人做。所以事情會讓我們不高興，就要時時刻刻提醒自己：千萬不要去做。

其實，能夠尊重別人的人，也才會得到別人的尊重。小朋友，千萬別忽視「尊重」的重要性，因為那可以代表你的人格和品行喔！

👣 親愛的小朋友，在「為別人著想」這篇文章中，哪些行為是尊重的行為呢？請在（　）中打✓。

1.（　）「我不管，我要吃滷肉飯！」妹妹不甘示弱的說。

2.（　）爸爸提議到百貨公司的美食街吃晚餐。

3.（　）妹妹堅持要去遊樂場，姊姊堅持要去看電影。

4.（　）姊姊喜歡藍色，妹妹說把藍色的小熊給姊姊。

5.（　）爸爸、媽媽用理性的方式溝通。

尊重心大檢測

想一想，下面這些尊重的行為，你能做得到嗎？請在正確的選項裡打 ✓ 。

家庭生活方面

是	否	項　　目
		沒有得到同意，不會亂動家人的東西。
		家人講話時，不插嘴。
		進去家人房間，會先敲門。

學校生活方面

是	否	項　　目
		沒有得到同意，不亂動同學的東西。
		上課發言先舉手，不嘲笑他人的意見。
		不在走廊奔跑、吼叫。

品格小天使

親愛的小天使您好：

　　我是小玉。最近我的心情不太好，因為我快被爸爸的嗜好給搞瘋了。

　　我爸爸上個月在抽獎中得到了一部最新型的數位相機，我們本來都很為爸爸高興，可是後來他不斷的對著我們照相，讓我和媽媽都煩惱不已。我們吃飯他要照，我們睡覺他要照，連我在洗澡爸爸都跑來偷照。

　　我很想告訴爸爸，我不喜歡他一直對著我照相。可是我擔心會讓爸爸傷心，因為他幫我們照相，也是想留下紀念。可是我實在覺得爸爸的照相狂熱讓我很煩。

　　我該怎麼辦呢？

煩惱的小玉上

親愛的小玉：

不管在做什麼都有一部相機在旁邊，一定讓妳覺得很不習慣。在討論這個行為對不對之前，先讓我們來看看什麼叫做個人的隱私。

個人的隱私指的是：每個人身體的隱私、文字的隱私、居家生活……的隱私，都應該被尊重。也就是說，沒有經過允許，即使是親如家人，都應該彼此尊重，不能侵犯。

爸爸也許是剛開始玩攝影，太興奮了，只顧著要為小玉留下生活紀錄，卻忘了尊重小玉的心情。在這種時候，小玉可以明白的告訴爸爸：「您這樣無時無刻的拿著相機出現在我身旁，讓我非常不舒服。我希望爸爸如果要照相，能夠在一些特別的場合照就可以了。否則去照些花呀！草呀！美麗的景物也不錯，這樣我會很樂意在鏡頭前擺好美麗的姿勢的。」

如果小玉明白的告訴爸爸心中的想法，相信爸爸會體諒妳的。但是別忘了，如果想要別人尊重，也要學會尊重別人喔！

祝妳有快樂的居家生活，也祝爸爸的攝影技術日日進步。

小天使上

名詞萬花筒

認識名詞

名詞是表示人、事、物、地等名稱的詞，是所有語詞中最多的一種，可搭配圖片，也是最容易學習的語詞。

搜尋高手

下列語詞中，哪些是名詞？請把它圈起來。

打掃	窗戶	玫瑰花	唱歌	睡覺
地板	小美	吃飯	桃園	彩虹
花朵	書本	汁液	跳舞	大熊
西瓜	寫字	橋	看醫生	護士
高雄	媽媽	下雨	雨	抹布
衣服	喝水	火車	白米	國語
吹風	洗手	上廁所	回家	房子

從上面的語詞中選出適當的名詞，填入（　）中，完成下列的句子。

1. 明天（　　　　　　）要去（　　　　　　）旅行。

2. 我喜歡吃（　　　　　　），因為它的（
　　　　　　）很多，很好吃。

3. 大掃除開始了，有的人擦（　　　　　　），
有的人擦（　　　　　　），有的人洗（
　　　　　　），兩三下就打掃得乾乾淨淨！

4. 下過（　　　　　　）後，天邊出現了一道（
　　　　　　），像一座彎彎的（　　　　　　）
，美麗極了。

修辭加油站

認識排比修辭法

「想玩的項目不同，想去的地方不一樣，想看的節目各有所好，這種意見不同的情況，每個家庭都會遇到。」

上面這段話是從「為別人著想」的文章中摘錄下來的，請你再讀一讀、找一找，並把它們畫起來。

像：「想玩的項目不同，
　　　想去的地方不一樣，
　　　想看的節目各有所好。」

這樣，把三個或三個以上很相像的語句或詞組排排隊寫在一起，用來表達同一個相關內容的寫作技巧，叫做「排比修辭法」。

請把下列相似的語句，在□中塗上相同的顏色。

□ 有的人在跑步　　□ 有的人在唱歌

□ 高高的樹　　　　□ 一起打掃

□ 一起讀書　　　　□ 紅紅的花

□ 綠綠的草地　　　□ 一起遊戲

□ 有的人在做早操　□ 有的人在跳舞

□ 藍藍的天　　　　□ 一起運動

排比家族三兄弟，
相似句型放一起。
形式整齊又有力，
表達清楚得第一。

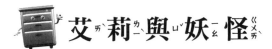

文：魏慶雲

　　艾莉是美女村裡最可愛的女孩，她最喜歡的花就是玫瑰花。

　　有一天艾莉的爸爸要出門做生意，很久很久才會回來。出門前，爸爸問艾莉：「艾莉，妳想要爸爸帶些什麼禮物回來給妳呀？」艾莉非常捨不得爸爸離開那麼久，所以她說：「我什麼都不要，只希望爸爸趕快回來就可以了。如果您想帶禮物給我，只要為我帶一束玫瑰花回來就好了。」

　　爸爸聽了艾莉的話，知道艾莉會非常想念他，就想：「我一定要趕快把事情做完，趕快回家，免得艾莉擔心我。」因此爸爸用最快的速度處理完公事，便快馬加鞭的趕回家。走到美女村的村口，突然想到：「糟糕！艾莉要我帶給她的玫瑰花，我忘記買了。」

　　這時正好看到路邊有個大花園，花園裡種

滿各種顏色、各種品種的玫瑰花。看著一朵朵嬌艷美麗的花兒，爸爸忍不住闖進花園，選了幾朵最奇特的玫瑰花摘了下來。卻聽到耳邊傳來震耳欲聾的吼叫聲：「是誰？是誰把我最心愛的玫瑰花給摘掉了？」

聽到這彷彿打雷一般的聲音，爸爸嚇得魂不附體，轉身一看，看到一個高大的妖怪站在他身後。爸爸只好把忘記買禮物給女兒，想摘幾朵花回去送給女兒的事說給妖怪聽。

妖怪說：「不管什麼理由，你都不應該沒有經過主人的允許自己闖入別人的花園摘花，現在我要把你關起來。」

爸爸就請求妖怪：「可以讓我先回家向我的家人道別嗎？」妖怪答應了。

回到家，爸爸把情形說給家人聽，並且向家人道別。這時艾莉說：「爸爸，這一切都是我引起的，讓我去接受處罰吧！」於是拎著一個小小包袱，到妖怪的城堡去。

到了城堡，妖怪看到美麗的艾莉，覺得自己長得太醜了，不好意思在艾莉面前出現，只請侍者好好招待艾莉。艾莉在城堡裡獨自過了兩天，感覺到城堡裡的侍者都對她很好，可是一直沒有見到妖怪，使她對妖怪非常好奇。艾

莉便要求侍者轉達她想見到妖怪的願望， 可是妖怪說：「我長得很醜， 我怕妳看到我會害怕。」

艾莉堅持要見妖怪， 妖怪只好同意。 等他們見面以後， 艾莉漸漸發現妖怪雖然很醜， 但是卻有一顆善良的心， 於是和妖怪成為了好朋友。

最後， 艾莉給了妖怪真誠的一吻， 打破了妖怪的魔法 —— 原來妖怪是一位年輕英俊的王子。 王子和艾莉舉行一場盛大的婚禮， 從此過著幸福快樂的日子。

小朋友， 你覺得在這個故事裡， 誰是尊重人的人？ 誰是不尊重人的人？ 請把你的想法填在下表。

人物	表現	原因
艾莉	□ 尊重 □ 不尊重	
爸爸	□ 尊重 □ 不尊重	
妖怪	□ 尊重 □ 不尊重	

小朋友，下面有四張可愛的圖畫，請你仔細看一看這四張圖畫，然後在正確答案的□打✓！

1.	□ ㄅ 很多人正在排隊等公車。 □ ㄆ 很多人正在公園散步。
2.	□ ㄅ 突然，小吉插進等公車的隊伍中，讓大家都覺得很不舒服。 □ ㄆ 突然，小吉很有禮貌的對著大家打招呼。
3.	□ ㄅ 小吉聽到大家的勸告才知道自己犯了錯，走到隊伍的最後重新排隊。 □ ㄆ 小吉假裝沒有聽見大家的勸告。
4.	□ ㄅ 後面的人告訴小吉要按照順序排隊。 □ ㄆ 大家向小吉打招呼。

小朋友，試試看將上面四張可愛的圖片變成一個故事，請將故事的順序用代號寫下來！

(   ) → (   ) → (   ) → (   )

小朋友，請你想想看，上面的故事中，小吉所表現的是哪一種品格？請在□裡打✓。

□ 誠實　　　□ 公平正義　　　□ 關懷

□ 責任　　　□ 信賴　　　　　□ 尊重

學完這個單元， 在下面的問題中勾選出你學習的成果。

檢核項目	不太會	有點會	很會	非常會	完全會
我對尊重的了解					
我會做尊重別人的事					
我對名詞內容的了解					
我會用排比修辭					

第三單元

✦ 知識百寶袋 ✦

 小朋友，下面是一篇剪報的內容，我們將要展開一趟學習之旅，你可以學到品格、語詞和修辭喔！

謊言小精靈

作者：周生芸（台北縣樹林國小三年一班）

資料來源：國語日報 96 年 2 月 8 日兒童園地

　　我是謊言小精靈，住在主人的身體裡，那裡不但又黑又髒，還是一個得不到自由的地方，在這裡生活簡直是大災難，我恨不得能出去透透氣。

　　只要主人說謊，我就得救了，可是我沒辦法讓主人說謊，一定要她配合才行。終於，我盼望已久的一天來臨了。有一天早上，主人不想喝牛奶，偷偷把牛奶倒掉。我的心頓時充滿了希望，我知道我就要自由自在的玩樂了！

　　主人的媽媽問她：「妳的牛奶呢？」她馬上說：「我喝完了呀！」這時，我就像點了火

的沖天炮，「咻」的一聲，從主人的嘴巴飛了出來。外面的空氣真是新鮮，感覺好舒服哇！

主人到了學校，因為早上沒喝牛奶，肚子餓得要命，沒力氣跟同學玩。好朋友問她怎麼了，她說：「沒事，我很好，下一節課再跟你們玩。」她又說謊了，太棒了！我有同伴可以一起惡作劇了，主人慘啦！

主人越來越緊張，我卻高興得很。我對主人說：「妳把牛奶倒掉了！妳要被媽媽罵了！」主人一直叫我安靜，我還是拼命的說，主人好生氣，我卻抱著肚子大笑。這樣「虐待」主人真好玩！

主人回家以後躲在房間裡寫功課，我和同伴還是一直捉弄她。主人想了想，不想再被我們欺負了，決定跟媽媽說實話，我和同伴發現她的決定，心情糟透了。

主人走出房間，踏進客廳，一五一十的告訴媽媽倒掉牛奶的事。媽媽對她說：「沒有關係，下次不可以再這樣了。」就在我生氣的時候，我和同伴又被吸回主人的身體裡了。我們又要在那黑黑的、沒有自由的孤單國度過生活了……

想一想， 回答問題：

1. （　）謊言小精靈住在：
    ❶ 燈光明亮的世界
    ❷ 黑黑暗暗沒有自由的地方
    ❸ 動物園

2. （　）小精靈得救的方法是什麼？
    ❶ 主人孝順父母
    ❷ 主人幫助別人
    ❸ 主人說謊

3. （　）主人因為不想喝牛奶， 把牛奶倒掉， 並告訴媽媽喝完了， 這樣是：
    ❶ 說謊的行為
    ❷ 誠實的行為
    ❸ 孝順的行為

4. （　）故事的最後是什麼原因讓謊言小精靈又回到黑暗沒有自由的世界？
    ❶ 主人向媽媽說實話
    ❷ 主人說謊
    ❸ 媽媽責備主人

5. （　）這個故事告訴我們：
    ❶ 謊言小精靈會幫助大家
    ❷ 說謊是一件好事
    ❸ 做人要誠實

故事藏寶圖

👣 根據「謊言小精靈」這篇文章，找出相關的線索完成樹屋藏寶圖喔！

說謊時，
小精靈會
（　　　）

說實話時，
小精靈會
（　　　）

小精靈居住
的地方是
（　　　）

故事最後，主人因為（　　　）讓小精靈又回到又黑又暗的世界裡。

品格放大鏡

談誠實

謊言與實話

　　小朋友，在「謊言小精靈」這篇文章中，謊言小精靈在主人說謊話的時候，他就被釋放，但主人的心情卻是緊張、害怕；最後，主人說出實話讓小精靈再度被吸回身體關進黑暗的角落，這時主人的心情又如何呢？試著想想看，當你說謊時是不是也有謊言小精靈在你的耳邊竊笑？還是說實話時會有誠實小精靈對你微笑呢？

　　讀完了「謊言小精靈」這篇剪報，你覺得這篇剪報的內容和哪一種品格比較有關，請你把答案塗上顏色！

| 關懷 | 誠實 | 責任 | 公平正義 |

下面的理由，你認為是正確的請在（　　）打✓。

1. （　　）說謊會讓你良心不安，所以要誠實。
2. （　　）說謊是一件平常的事，沒有什麼大不了的。

謊言實話大對決

下面的句子中，是誠實的行為打○，說謊的行為打✕。

1. （　　）功課還沒寫完時，媽媽問我，我會說功課還沒寫完。
2. （　　）看到我的一百分考卷上還有錯，我會向老師更正分數。
3. （　　）吃飯時間看到有不愛吃的食物，我會告訴媽媽：「我已經吃飽了！」
4. （　　）地上有別人遺失的錢，我會馬上把錢拿給老師或警察。
5. （　　）考試時，左右張望看隔壁同學的答案。
6. （　　）模仿爸媽的簽名，自己在聯絡簿上簽名。

品格小天使

親愛的小天使您好：

　　我也有一個謊言小精靈住在我的身體裡。事情是發生在學校裡，我因為忘了把作業交給媽媽簽名，當老師問我為什麼沒有拿給媽媽簽名，我卻告訴老師：「我有拿出來給媽媽簽名，是媽媽忘了簽名。」當我告訴老師這個理由的時候，心裡很害怕，就好像有一個謊言小精靈一直啃我的心一樣，好難受。其實我只是怕被老師罵才會這樣說的，沒想到老師一句話也沒有罵我，只是叫我再拿回去給媽媽簽名，別忘了自己要檢查一次功課才可以收書包。我希望謊言小精靈趕快離開我的身體，但是我不知道該怎麼做？

　　　　　　　　　心裡不安的文文上

親愛的文文：

　　謊言小精靈無所不在，當你說謊的時候，你會發現心裡的感受是不安、害怕與難過。這時候謊言小精靈就如同你說的一樣，啃著你的心不放。善良的你能夠把自己說謊的感受告訴小天使，就已經趕走了謊言小精靈。現在最重要的是，趕緊告訴老師事情的真相，我相信老師也一定能夠原諒你的。別忘了！要把自己的「誠實」小精靈找回來。每個人都會有犯錯的時候，不要害怕接受處罰，勇於面對現實，真心改過，才是勇敢的表現喔！期待文文能夠成為一個誠實待人的小朋友。

　　　　　　　　喜歡誠實的小天使上

 # 誠實大檢測

👣 想一想，下面的項目你都能做到嗎？ 請打 ✓。

 ## 家庭生活方面

是	否	項　　目
		按時完成功課， 如果還沒完成也能誠實告訴爸爸媽媽。
		不管任何事都不對爸爸媽媽說謊。
		做錯事能勇於面對， 能告訴爸爸媽媽實話。

學校生活方面

是	否	項　　目
		撿到別人的東西會還給他， 或交給老師。
		考試時我能自己作答， 不看別人的考卷。
		做錯事情能勇於面對， 會告訴老師實話。

動詞萬花筒

認識動詞

句子或文章中表示人或物的動作（狀態）的詞。

例如： 小鳥在樹上**唱歌**。

哥哥在房間**睡覺**。

動動腦

寫出圖片中表示的動作。

【　　　　】　【　　　　】　【　　　　】　【　　　　】

從句子中圈出動詞， 並把動詞寫在【　　】中，例如： 哥哥在浴室 洗澡 。 【 洗澡 】

句　　　子	動　　詞
1.媽媽正在廚房煮飯。	【　　　　　】
2.小鳥在天空中自由的飛翔。	【　　　　　】
3.小蝸牛慢慢的向上爬。	【　　　　　】
4.大野狼看著可愛的小豬。	【　　　　　】

把屬於動詞的塗上顏色， 會出現哪個字呢？

椅子	唱歌	皮鞋	春天	麥克風	獎狀	頭髮
看見	游泳	飛翔	大樹	說話	旅行	打棒球
鉛筆	寫字	大野狼	鑰匙	大象	作夢	球拍
算數學	讀書	開車	泥土	種子	走路	公車
小紅帽	跑步	汽車	馬路	小蝸牛	拍手	手環
睡覺	畫圖	蝴蝶	時鐘	喝水	彈琴	鋼琴

答案：【　　　　　】

修辭加油站

認識擬人法

　　擬人法就是把人的喜怒哀樂等情緒，或人才能做的動作放在「物」的身上，讓文章或句子中出現的物更加生動有趣，例如：青蛙是個愛唱歌的大明星。（愛唱歌的大明星本來是人的動作與身分，用在青蛙身上更凸顯蛙鳴的響亮。）

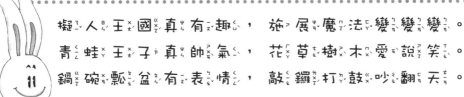

擬人王國真有趣，　施展魔法變變變。
青蛙王子真帥氣，　花草樹木愛說笑。
鍋碗瓢盆有表情，　敲鑼打鼓吵翻天。

 角色大變身

哪句將物擬人的句子是形容圖中的「物」，連連看：

 ㄅ ●

● A　身穿五彩禮服的聖誕樹正在告訴大家聖誕節來了。

 ㄆ ●

● B　獨角仙是正義的勇士，也是一個爬樹高手。

 ㄇ ●

● C　愛打滾的足球最喜歡在草地上和腳玩遊戲。

 ㄈ ●

● D　蝴蝶住在美麗的花園裡，喜歡和花作伴，也是蜜蜂的好朋友。

 狼來了

在一個寧靜的村莊裡，牧羊人因為生病，所以特地請了村長的孫子 —— 吉米幫忙牧羊。

那天下午吉米一邊牧羊一邊想著找些事來打發無聊的牧羊時間，這時靈機一動，吉米心想：「如果我大叫狼來了，大家不知道會不會緊張？」才剛想完，吉米就脫口大喊：「狼來了！」村民緊張得跑向草原，發現沒有野狼蹤影，吉米為了怕被責罵，便說：「野狼在你們來之前就已經先逃走了。」每當牧羊人請吉米幫忙牧羊的時候，吉米總會向村民大喊：「狼來了！」久而久之，村民不再相信吉米所說的話。

直到有一天，吉米發現狼真的來了，吉米連忙呼喚村民……

小朋友，你覺得這個故事和哪一種品格比較有關，請你把答案塗上顏色！

| 關懷 | 誠實 | 責任 | 公平正義 |

在這個故事中，吉米捉弄村民，大喊：「狼來了！」如果你是村民，要送給吉米一句話，你會說：「＿＿＿」

如果你是吉米，當大家都不相信你的話時，你會（請在□中打✓）：

□ ㄅ 心情不好，並向大家承認自己是在捉弄大家。

□ ㄆ 沒關係，反正只是和大家開開玩笑。

 故事急轉彎

小朋友你發現了嗎？ 故事到後面， 沒有接下來的劇情呢！ 現在請你試試看， 把故事的結局寫出來：

直到有一天， 吉米發現狼真的來了， 吉米連忙呼喚村民， 村民＿＿＿＿＿＿＿＿＿＿＿＿＿＿＿＿＿＿＿＿＿

＿＿＿＿＿＿＿＿＿＿＿＿＿＿＿＿＿＿＿＿＿＿＿＿＿＿＿＿＿＿＿＿＿＿＿

＿＿＿＿＿＿＿＿＿＿＿＿＿＿＿＿＿＿＿＿＿＿＿＿＿＿＿＿＿＿＿＿＿＿＿

＿＿＿＿＿＿＿＿＿＿＿＿＿＿＿＿＿＿＿＿＿＿＿＿＿＿＿＿＿＿＿＿＿＿＿

＿＿＿＿＿＿＿＿＿＿＿＿＿＿＿＿＿＿＿＿＿＿＿＿＿＿＿＿＿＿＿＿＿＿＿

＿＿＿＿＿＿＿＿＿＿＿＿＿＿＿＿＿＿＿＿＿＿＿＿＿＿＿＿＿＿＿＿＿＿＿

圖像急轉彎

小朋友，下面有四張可愛的圖畫，請仔細看一看下面這四張圖畫，然後在正確句子的□裡打 ✓ ！

1.	□ ㄅ 有一天，小吉走在路上看到地上有一疊鈔票。 □ ㄆ 有一天，小吉走在路上看到地上有一個書包。
2.	□ ㄅ 小吉將撿到的鈔票交給警察伯伯。 □ ㄆ 小吉將撿到的鈔票自己帶回家。
3.	□ ㄅ 小吉撿起這疊鈔票。 □ ㄆ 小吉假裝沒有看見鈔票快步向前走。
4.	□ ㄅ 媽媽知道這件事情後，非常高興。 □ ㄆ 媽媽知道這件事情後非常生氣。

小朋友， 試試看將上面四張可愛的圖片變成一個故事， 請將故事的順序用代號寫下來！

（　　　）→（　　　）→（　　　）→（　　　）

小朋友請你想想看， 上面的故事中， 小吉所表現的是哪一種品格？ 請在□裡打✓。

□ 誠實　　　□ 公平正義　　　□ 關懷

□ 責任　　　□ 信賴　　　　　□ 尊重

學習百分百

學完這個單元，在下面的問題中勾選出學習的成果。

檢核項目	不太會	有點會	很會	非常會	完全會
我對誠實的了解					
我會做誠實的事					
我對動詞內容的了解					
我會用擬人修辭					

第（ㄉㄧˋ）一（ㄧ）階（ㄐㄧㄝ）段（ㄉㄨㄢˋ）闖（ㄔㄨㄤˇ）關（ㄍㄨㄢ）

第（ㄉㄧˋ）一（ㄧ）關（ㄍㄨㄢ）	品（ㄆㄧㄣˇ）格（ㄍㄜˊ）
第（ㄉㄧˋ）二（ㄦˋ）關（ㄍㄨㄢ）	語（ㄩˇ）詞（ㄘˊ）
第（ㄉㄧˋ）三（ㄙㄢ）關（ㄍㄨㄢ）	修（ㄒㄧㄡ）辭（ㄘˊ）

第一關
品格焦點大檢測

品格紅綠燈

請你判斷下面的行為屬於哪一種品格特質？在正確的格子裡著色。

行為表現	關懷 (塗紅色)	尊重 (塗黃色)	誠實 (塗綠色)
考試考不好，會向媽媽承認。			
我要去公園，弟弟要看電影，我們猜拳決定。			
幫助盲人過馬路。			
不偷看別人的日記。			
同學受傷，我送他去保健室。			

行為表現	關懷 (塗紅色)	尊重 (塗黃色)	誠實 (塗綠色)
在校園裡撿到錢，會交給老師。			
在家裡看電視，不要把音量開太大聲，以免吵到別人。			
做錯事會勇於承認。			
爸爸在說話，我不插嘴。			
姊姊在哭，我安慰姊姊。			
考試時不偷看別人的答案。			

品格迷宮轉轉轉

請在下面的迷宮裡找出三句說明品格行為的完整的話，並且塗上顏色；是關懷行為的塗紅色、是尊重行為的塗黃色、是誠實行為的塗綠色。

美	人	的	房	間	家	裡	去
入	別	做	放	下	出	發	回
進	沒	錯	牠	給	物	食	拿
己	有	事	會	老	實	承	會
自	一	樣	沒	有	左	認	狗
不	意	同	過	經	右	張	浪
我	要	看	到	街	上	的	流
會	偷	看	同	學	的	考	卷

第二關
語詞超級競技場

 競技戰士介紹

量詞 可分為表示人、事、物的單位叫做物量詞（如：隻、枝、公斤、公尺）；和表示動作或行為的叫做動量詞（如：次、趟、遍、遭）。

名詞 是代表人（如：老師、爸爸）、
事物（如：花瓶、火車、蛋糕）、
時間（如：今天、剛剛）、
地方（如：操場、樓上、周圍），
或表示概念的名稱（如：思想）。

動詞 動詞是表示行為或動作（如：說話、寫字或飛跑）；
表示事物的演變（如：有、發生、出現）；
表示想法（如：希望、害怕、擔心）；
或表示請求、命令（如：請、叫、讓）
等語詞。

第一競技場

連連看

① 馬路 🌸

② 公園 🌸

③ 一遍 🌸

④ 老師 🌸

⑤ 老鼠 🌸

⑥ 幫助 🌸

⑦ 打開 🌸

⑧ 圖書館 🌸

⑨ 一棵 🌸

⑩ 今天 🌸

⑪ 關心 🌸

⑫ 請 🌸

🌸 量詞

🌸 名詞

🌸 動詞

第二競技場

量詞
陣、片、隻、 、顆、枝、 堆、遍

名詞
蝴蝶、風、 葉子、 蝸牛

動詞
吹、飄、 聽、唱、 知道

請從上面的語詞中選出適當的詞，寫在空格裡。

❶ 今天的功課是圈詞寫兩＿＿＿＿＿。

❷ ＿＿＿＿＿背著重重的殼在地上爬。

❸ 夏天很熱，手上拿著一＿＿＿＿＿冰棒，真是清涼啊！

❹ 毛毛蟲最後會變成美麗的＿＿＿＿＿。

❺ 大家都＿＿＿＿＿孫悟空是美猴王，牠帶領幾萬＿＿＿＿＿猴子住在水濂洞。

❻ 大家都注視著乒乓球桌上的那＿＿＿＿＿乒乓球，來回的跳動著。

❼ 一＿＿＿＿＿強＿＿＿＿＿吹過來，＿＿＿＿＿落了樹上的＿＿＿＿＿。

❽ 天上＿＿＿＿＿著幾＿＿＿＿＿雲。

❾ 我最喜歡＿＿＿＿＿媽媽＿＿＿＿＿「搖籃曲」。

❿ 我把書一＿＿＿＿＿一＿＿＿＿＿的擺放整齊。

第三關
修辭王國變變變

歡樂咖啡杯

　　歡迎來到修辭王國。小朋友，還記得摹寫法、擬人法、排比法嗎？歡迎各位小朋友到修辭王國一起來玩，LET'S GO。

　　親愛的小朋友，每個咖啡杯裡的咖啡口味都不一樣，請把相同口味的句子代號填入下頁正確的咖啡杯喔！

A：美麗的彩虹出現在我的眼前。

B：小雨滴在窗戶，敲打著快樂的節奏。

C：照片上有帥氣的爸爸、美麗的媽媽和可愛的我。

D：忽然，有一些聲響，滴滴答答的雨聲從窗邊傳來。

E：美麗的花兒正對忙碌的蜜蜂招手。

F：花園裡的花兒有的紅、有的黃、有的白，萬紫千紅，真美。

摹寫口味的咖啡： 【　　　】 【　　　】	排比口味的咖啡： 【　　　】 【　　　】	擬人口味的咖啡： 【　　　】 【　　　】

 紅綠燈停看聽

　　當你走路遇到紅綠燈時，應該怎麼辦？請小朋友看句子根據提示在紅綠燈塗上正確的顏色。

提示：　摹寫法塗紅色　擬人法塗黃色
　　　　排比法塗綠色

看著路上的行人撐著傘快步向前，這場雨來得真不是時候。	紅燈 ◯	黃燈 ◯	綠燈 ◯
小皮球真頑皮，跳來跳去忙不停，喜歡和手玩遊戲。	紅燈 ◯	黃燈 ◯	綠燈 ◯
媽媽對我們的愛像海一樣深，像山一樣高，像陽光一樣溫暖。	紅燈 ◯	黃燈 ◯	綠燈 ◯

修辭碰碰車

👣 請你腦力激盪一下，將問題碰碰車開往答案碰碰車吧！

ㄅ、把兩個或兩個以上很相像的語句排隊寫在一起，用來表達同一個相關的內容指的是哪一個修辭法？

    A. 摹寫法

ㄆ、使用視聽嗅觸覺把事物的形狀、顏色、氣味做具體的描寫指的是哪一個修辭法？

    B. 排比法

ㄇ、把人的喜怒哀樂或動作放在其他事物的身上，讓文章或句子中出現的事物更加生動有趣指的是哪一個修辭法？

    C. 擬人法

第四單元

知識百寶袋

小朋友，下面是一篇剪報的內容，我們將要展開一趟學習之旅。你可以學到品格、語詞和修辭喔！

 不再沉默

作者：廖祐婕（高雄市楠陽國小四年六班）

資料來源：國語日報95年12月14日第7版 兒童園地

「啊！別過來！」廁所洗手台前一個壯碩的男同學正走向一個體型瘦弱的同學。我想不關我的事，趕緊離開了。

過了兩天，我又在樓梯口看見同樣的情景，我告訴哥哥自己撞見學校的霸凌現象。哥哥問我：「你有沒有採取行動？」我告訴哥哥那些人我又不認識，何必多管閒事。哥哥說：「真是沒有正義感！」天哪！我感到很委屈，別人被欺負關我什麼事？可是……如果被欺負的是我呢？我一定希望有人站出來替我解圍。

　　在將心比心的心態下，我抱定了「不再沉默」的堅定信念。可是不到兩天，我的態度又軟化了，總覺得多一事不如少一事。直到有一天，聽老師說起他的親身經歷……

　　有一次，老師在街上看見一群人欺凌一個手無寸鐵的人。他知道自己勢單力薄，但是他可以立刻報警處理。他提醒我們：在校園看見同學被欺負，要馬上報告老師，請老師處理，不必自己站出來和欺負者正面衝突。

　　直到這個時候，我才恍然大悟，我想我以後不會再沉默了，我有嘴巴可以說，有手可以寫字，可以把霸凌事件傳達給老師。從現在開始，我不能再做一個冷漠的旁觀者了。

👣 想一想， 回答問題：

1. （　　）「解圍」的意思是：
    ❶ 替人解決困難
    ❷ 把圍牆拆掉
    ❸ 解開圍住的繩子

2. （　　）什麼叫「將心比心」？
    ❶ 把兩顆心放在一起， 比比看哪一個比較大
    ❷ 如果我不喜歡被別人誤會的感覺， 就不要隨便誤會別人
    ❸ 如果別人不喜歡我， 我也不要喜歡他

3. （　　）「手無寸鐵」的意思是：
    ❶ 手的重量比不上鐵的重量
    ❷ 手上沒有任何武器可以保護自己
    ❸ 手上有一大塊的鐵片

4. （　　）什麼叫「恍然大悟」？
    ❶ 迷迷糊糊不知道發生什麼事
    ❷ 模糊看不清楚的樣子
    ❸ 忽然完全明白

5. （　　）「冷漠」就是：
    ❶ 不關心事情
    ❷ 天氣很冷
    ❸ 寒冷的沙漠

故事藏寶圖

小朋友，請你仔細閱讀「不再沉默」這篇文章，找一找答案藏在哪裡，並在下面的括號中填入正確的答案。

第三段：
我抱定（　　　）的堅定信念，但沒多久又（　　　　）了。

第二段：
我又看見（　　　）現象，我告訴（　　　）。哥哥說我沒有（　　　）感。

第四段：
（　　　）看見一群人欺負一個人，他立刻（　　　）。

第一段：
我看見一個（　　　）的同學欺負一個（　　　）的同學，我趕緊（　　　）。

第五段：
可以把霸凌事件告訴（　　　），不要當（　　　）的（　　　）。

品格放大鏡

什麼是「霸凌」？

「霸凌」是指不平等的惡意欺負與壓迫。包括身體上的踢打、搶奪財物，或是言語上的諷刺、嘲笑、恐嚇威脅、散播不實謠言等。聯合其他人排擠某個人，不和他玩，讓他一個人孤孤單單的，也算是霸凌喔！

舉例來說，小朋友很喜歡看的卡通節目「哆啦A夢」中，胖虎常常以暴力威脅大雄，要求大雄聽他的話，或是聯合小夫一起取笑、欺負大雄，這就是最容易讓人了解的校園霸凌現象。

胖虎的霸凌行為會讓被欺負的大雄覺得生氣、害怕或委屈。但大雄因為害怕被報復，或是擔心以後沒人願意再跟他玩，所以會不敢反抗或告訴父母、老師。這樣反而會讓霸凌者胖虎得寸進尺，造成霸凌現象重複發生。

當霸凌現象發生時，如果你是個旁觀者，要發揮你的同理心和正義感，幫助別人。你可以視情況決定是否要當面勸說霸凌者，或是尋求大人的幫助解決問題。不要假裝沒看到，或

是跟著欺負別人， 這樣才可以保護自己的安全，預防霸凌事件再發生喔！

👣 想一想， 下面的敘述中， 你認為正確的請在（ ） 中打 ✓。

1.（　） 我在學校看到強欺弱時， 應該假裝沒看見， 趕緊離開。

2.（　） 我在學校看到大欺小時應該告訴老師。

3.（　） 我不喜歡別人欺負我， 所以我也不應該欺負別人。

4.（　） 五年級的大哥哥欺負我， 等我到五年級時， 也要去欺負一年級的小朋友。

5.（　） 如果你在馬路上看到一群人欺負一個人時， 應該要立刻報警。

👣 讀完「 不再沉默 」 這篇文章後， 你覺得這篇文章的內容和哪一種品格有關？ 請把你的答案塗上顏色。

責任	信賴	公平正義	誠實

👣 下面的理由， 你認為正確的請在（ ） 中打 ✓。

1.（　） 因為壯碩的人欺負瘦弱的人， 或是一群人欺負一個人， 都是不符合公平正義的。

2.（　） 因為哥哥不可以說我沒有正義感。

品格小天使

親愛的小天使您好：

　　我覺得很害怕，因為最近上學的路上，會有一位我們學校的大哥哥擋住我的路，很兇的跟我要保護費。他說如果我不給他錢，就會有人揍我。如果我把這件事說出去，他會找一大群人打我，還會叫所有的人都不跟我玩。我很害怕，就把買早餐的錢給他。最近我每天都餓著肚子上課，覺得很難過，但是我又不敢告訴別人，我該怎麼辦呢？

　　小天使我偷偷告訴你這件事，你一定要替我保守秘密喔！

　　　　　　　　煩惱又害怕的小明上

親愛的小明：

面對大哥哥的威脅、恐嚇，真的是一件令人害怕的事情，因為小天使以前也遇到過一些壞天使像那位大哥哥一樣欺負小天使。當時我也像你一樣心裡很害怕，又不敢告訴別人，每天都不敢去上學，只要一想到壞天使就害怕得全身發抖。不過後來小天使發現，害怕是沒有辦法解決問題的，一定要鼓起勇氣面對問題，才能解決問題。所以後來小天使決定勇敢的把事情說出來，在天使老師的幫忙下順利解決了這個問題。從此，壞天使再也不敢來找我的麻煩了。

小天使認為你不需要理會那位大哥哥的威脅、恐嚇。他的目的是要讓你不敢把這件事告訴大人，這樣他就可以一直向你要保護費。千萬不要以為忍一忍就算了，如果你因為害怕或怕被報復，一直不敢把這件事告訴大人，只會讓那位大哥哥越來越過分。他以後可能會要求你給他更多的錢，或是其他東西。而你常常提心吊膽，又餓著肚子，對你的身心健康都不好。

　　小天使建議你先偷偷記住那位大哥哥的名牌號碼或是他的長相，然後將這件事告訴父母或老師。遇見這種霸凌現象，如果自己沒辦法解決時，一定要告訴大人，讓大人幫忙你。他們會根據你提供的線索找到大哥哥是哪個班級的學生，告訴大哥哥以大欺小、以強欺弱這樣的行為是不對、不公平、不符合正義的，並且會給他適當的處置，讓他不要再有這種行為發生。

　　小天使覺得你把這件事告訴小天使，就已經是跨出解決問題的第一步了。接下來，別害怕，勇敢說出自己心中的話吧！

為你加油的小天使上

談公平正義

　　小朋友常常會說：「不公平！」「要怎樣做才算是公平呢？」公平是我們與人相處很重要的準則。如果沒有它，人與人之間的關係就會受到嚴重的影響。舉例來說，考試時，如果

小華偷偷拿出書來看答案， 所以得到一百分。 對其他小朋友而言， 這就是一件不公平、 不符合正義的事。 小華必須得到適當的處罰， 譬如扣減分數等， 才算是符合公平正義的原則。 如果小華的行為沒有受到處分， 公平的原則喪失， 正義就不存在了。

公平正義大檢測

想一想， 這些公平正義的行為你做到了嗎？

家庭生活方面

是	否	項　　目
		我不會欺負兄弟姊妹。
		看到弟弟、 妹妹吵架時我會去阻止。
		我會幫忙做家事。

學校生活方面

是	否	項　　目
		我不會欺負同學。
		看到同學被欺負我會報告老師。
		我會遵守遊戲規則。

形容詞萬花筒

認識形容詞

當我們在說話時，形容詞可以幫助我們把要說的人、事、物表達得更具體清楚。例如：我要的是那本**紅色的**、**厚厚的**書，不是這本**綠色的**、**薄薄的**書。

搜尋高手

請把下圖中的形容詞塗上顏色。

麵包	骯髒的	壯碩的	操場	走路
飛機	老師	甜甜的	書包	學校
母親節	瘦弱的	冷冷的	美麗的	冰淇淋
上學	我們的	小朋友	運動會	睡覺
藍藍的	潔白的	圓圓的	溫暖的	美味的
電冰箱	新鮮的	長長的	孤單的	高興
大象	快樂的	香香的	看電視	明亮的
散步	溫柔的	寫功課	巨大的	太陽
中秋節	矮小的	地上	扁扁的	星期日

修辭加油站

認識設問法

　　有一些句子有時候會故意以疑問句提出問題，作者其實不一定是要你說出答案，也不一定要告訴你答案是什麼。像這樣比直接告訴你更容易引起你注意，用來表達句子意思重點的方法，就稱為「設問法」。

　　找找看，在「不再沉默」文章中，下面三個設問法的句子藏在哪裡，並把它畫下來。

★ 哥哥問我：「你有沒有採取行動？」我告訴哥哥那些人我又不認識，何必多管閒事？

★ 天哪！我感到很委屈，別人被欺負關我什麼事？

★ 可是……如果被欺負的人是我呢？

　　唸唸看，你會更了解設問法喔！

設問家族愛發問　　問號常現在身後
不是不懂不認真　　而是要你想仔細
是非對錯別著急　　答案自在你心裡

想一想，以下是設問法的句子畫○，不是的畫╳。

1. （　）藍藍的天空、綠綠的青山，還有五顏六色的花朵，真是美麗極了！

2. （　）什麼是公平正義？公平正義就是讓每個人擁有所應得的。

3. （　）姊姊近視需要配眼鏡，為了公平起見，所以沒有近視的妹妹也要配眼鏡。這樣做才算是公平嗎？

4. （　）以相同的方法對待所有的人，不一定是公平的。

5. （　）妹妹嚇得大叫：「救命啊！救命啊！」

6. （　）春天來了，春天在哪裡？春天在花園裡。你沒看到花園裡的花都開了嗎？

7. （　）如果你不喜歡被人欺負，為什麼還要欺負別人呢？

8. （　）這是什麼聲音？原來是瀑布聲。

9. （　）我有一個徒弟，他不是妹妹，也不是弟弟，而是我的奶奶。

10. （　）媽媽像什麼？媽媽像萬能的超人，天天都不會累。

童話狂想曲

　　森林裡有一群鴨寶寶出生了，可是其中有一隻鴨寶寶長得怪怪的，叫聲也和大家不一樣，大家都覺得他又醜又奇怪，所以都叫他「醜小鴨」。

　　醜小鴨因為長得和大家不太一樣，所以很不受歡迎，常常被欺負。有一天，遊戲時間到了，小鴨子們紛紛跳進水池裡玩，享受著冰冰涼涼的池水。醜小鴨也走到水池旁，準備和大家一起遊戲。

　　突然，鴨大哥說：「走開！你這個醜八怪，我們不要和你一起玩。」鴨二哥也說：「對呀！你這個怪物，和怪物一起玩，會變成像怪物一樣醜。走開！走開！」其他的小鴨子也紛紛的跟著呱呱叫著：「怪物，怪物，走開！走開！」

　　可憐的醜小鴨只好低著頭、流著淚，難過的走到蘆葦叢中。沒有人願意和他玩，他只能遠遠的看著小鴨們玩耍，心裡好羨慕小鴨他們能開開心心的在水裡游來游去。看著小鴨子們臉上愉快的表情，聽到他們嘻笑的聲音，醜小

鴨覺得真不公平，為什麼大家都不和他玩呢？他好希望自己也是水池中快樂玩耍的一份子。

你覺得這個故事中有哪些地方是不符合公平正義的，請在□中打✓。

□ ㄅ 森林裡有一群鴨寶寶出生了。

□ ㄆ 鴨大哥說：「走開！你這個醜八怪，我們不要和你一起玩。」

□ ㄇ 其他的小鴨子也紛紛的跟著呱呱叫著：「怪物，怪物，走開！走開！」

如果讓你來改寫這篇故事，你要如何讓醜小鴨其他兄弟的行為符合公平正義呢？請在□中打✓。

□ ㄅ 鴨兄弟們不可以取笑醜小鴨，也不可以說他是怪物。

□ ㄆ 鴨兄弟們要一起遊玩，不可以不讓別人玩，或是不和他一起玩。

□ ㄇ 鴨兄弟們可以不要管醜小鴨，讓醜小鴨自己去找朋友。

看完這個故事以後，你有什麼想法呢？ 請把它寫出來。

圖像急轉彎

小朋友，請你仔細看一看下面的圖像故事，你看到了什麼？請在□中打✓。

1.		□ ㄅ 一個小男孩搶走了戴眼鏡小男孩的棒棒糖。 □ ㄆ 小男孩跌倒了，痛得大哭大叫。
2.		□ ㄅ 有一個戴眼鏡的小朋友高興的吃著棒棒糖。 □ ㄆ 有一個戴眼鏡的小朋友拿著鉛筆在寫字。
3.		□ ㄅ 小女生看到有人搶別人的東西，她立刻去報告老師。 □ ㄆ 小女生看到有人搶別人的東西，她假裝沒看見的走開了。
4.		□ ㄅ 老師大聲的罵小男孩不可以搶別人的東西。 □ ㄆ 老師告訴小朋友不可以搶別人的東西。

小朋友，請你想一想，這個故事的正確順序應該是（　　）→（　　）→（　　）→（　　）。

學習百分百

🐾 學完這個單元，在下面的問題中勾選出學習的成果。

檢核項目	不太會	有點會	很會	非常會	完全會
我對公平正義的了解					
我會做公平正義的事					
我對形容詞內容的了解					
我會用設問修辭					

知識百寶袋

小朋友，下面是一篇剪報的內容，我們將要展開一趟學習之旅。你可以學到品格、語詞和修辭喔！

信守承諾很重要

作者：楊國明

資料來源：國語日報95年10月3日第5版
少年文藝

最好不需要跟別人借東西，如果一定要借，就應該隨時奉還……

圖書館來電，說女兒借的一本書已經過期了，希望她趕快拿去還。這好像是她第二次借書逾期未還了。

她的國中同學曾跟她借了鐵達尼號翻譯小說，到現在大學都快畢業，「鐵達尼號」早退流行了，都尚未歸還。我的一個年輕同事跟我借了五本英文書當教學參考，已經過了兩年，好像也沒有要還我的意思。

　　女兒借書逾期未還這件事被我重重的說了一頓。因為小時候，我們會跟鄰居借一杯米、借一把菜，或是跟雜貨店賒欠一包鹽、一罐醬油，不過等父親領了工資，一定會馬上把這些「債務」還清。

　　在我看來，人家願意給我們方便就是一種莫大的恩惠，常讓我們感激在心。於是我們把「該準時還」這種事當成一種普通的常識、嚴肅的誓約，不會輕易打折扣，否則不就辜負人家對我們的好，給我們的方便。

　　「準時歸還借書」也一樣。圖書館給你方便，讓你不用花錢去買一本也許只是參考，或者沒有永久保存價值的書，並規定你還書的時間，可以繼續讓別的需要的讀者方便。結果你逾期不還，不僅有違圖書館的美意，還造成別人的不便。最嚴重的是，這就像言而無信一樣，是會讓自己信用破產的。

　　俗話說：「有借有還，再借不難。」最好是不需要跟別人借東西，如果一定要借，就應該準時奉還，因為「答應別人某件事後，是不能食言的。」

想一想，回答問題：

1. （　　）借書逾期未還的意思是：
   ❶ 已經超過借書的時間還沒有還
   ❷ 借書超過時間不用還了
   ❸ 不需要借書了

2. （　　）向圖書館借書逾期未還，可能會：
   ❶ 害別人看不到這本書
   ❷ 受到圖書館的處罰，暫時無法再借書
   ❸ 兩種情況都有可能

3. （　　）「賒欠」的意思是：
   ❶ 買東西沒付錢，等以後再付
   ❷ 欠人家東西不用還
   ❸ 把別人的東西搶過來

4. （　　）什麼是「言而無信」？
   ❶ 只會說卻不會寫信
   ❷ 說話不守信用
   ❸ 沒有收到一封信

5. （　　）「信用破產」是什麼意思？
   ❶ 身上沒有錢
   ❷ 大家都不相信你
   ❸ 大家都相信你

故事藏寶圖

小朋友，請你仔細閱讀「信守承諾很重要」這篇文章，找一找答案藏在哪裡，並在下面的空格中填入正確的答案。

第四段：
想起小時候，欠人家東西有能力時一定（　　　　）。

第五段：
心裡覺得要把（　　　　）當成嚴肅的誓約。

第三段：
想起女兒同學和同事向人借書很久都（　　　　）。

第六段：
借書逾期不還，像言而無信，會讓自己（　　　　）。

第二段：
圖書館來電說女兒（　　　　）。

第七段：
答應別人事情後，不能（　　　　）。

品格放大鏡

什麼是「食言」？

從前有一個人叫郭重，他長得胖胖的。另外有一個叫孟武伯的人非常討厭他。有一天孟武伯故意問：「郭重你為什麼這麼胖呢？」魯哀公在旁邊聽到了，想起郭重常常說話不守信用，就故意說：「因為他說話不算數，把話都吞到肚子裡了，這樣怎麼會不肥呢？」

其實，「食言」並不是真的把話吞下去，而是指人說話不算數，沒有信用。我們常常用「食言而肥」這句成語來形容人不守信用，或是用「言而無信」、「信用破產」來指一個人說的話已經無法再讓人相信了。

如果你常常食言而肥，雖然不會變成大胖子，但是就像童話故事中放羊的小孩一樣，失去了信用，下次就算你真的說實話，也沒有人會再相信你了。所以不論是說話、做事，答應別人的事就要盡力做到，要說到做到，不要讓別人失去對你的信賴喔！

想一想， 下面的敘述中， 你認為正確的請在（ ）中打✓。

1. （ ） 向圖書館借書也算是一種約定， 所以要準時歸還， 不可以失去信用。

2. （ ） 別人向我借東西不還， 我向別人借東西時也不要還。

3. （ ） 向圖書館借書時， 圖書館的人不認識我， 所以書可以慢一點還沒有關係。

4. （ ） 如果我常常說謊， 別人就不會相信我。

5. （ ） 如果一個人常常說謊， 因為「食言而肥」的關係， 所以他會越來越胖。

讀完這篇文章後， 你覺得這篇文章的內容和哪一種品格有關？ 請把你的答案塗上顏色。

尊重	信賴	公平正義	關懷

下面的理由， 你認為正確的請在（ ）中打✓。

1. （ ） 因為可以不要管圖書館規定還書的時間， 繼續耍賴不還書。

2. （ ） 因為答應別人的事就應該要做到， 要守信用， 讓別人相信我。

品格小天使

親愛的小天使您好：

　　我覺得很生氣也很煩惱，因為前幾天我最好的朋友竟然把我到一年級時晚上睡覺還要包尿片的秘密說出去。現在大家都知道了這個秘密，每次看到我時都會取笑我，讓我覺得很難過。雖然他後來有向我道歉，我也原諒他了，但是只要一想到我那麼相信他，他卻把我告訴他的秘密說出去，我就忍不住要生氣，我該怎麼辦呢？

　　　　　　　需要您幫忙的小美上

親愛的小美妳好：

當自己的秘密被別人發現了，真是一件不好受的事。剛開始妳可能會覺得很不好意思，大家都在看妳、說妳或笑妳。其實，妳可以用另外一種較樂觀的態度去面對。例如當同學取笑妳尿床時，妳可以自己開玩笑的說：「啊！沒辦法，誰叫我是見義勇為的消防隊呢？」放輕鬆去接受這件事。慢慢的妳會發現：其實事情並沒有妳想得那麼嚴重。

我想妳生氣的真正原因是氣朋友無法信賴。妳因為相信他會替妳保守秘密，才把秘密告訴他，可是他卻把秘密說出來，讓妳有一種被背叛的感覺。小天使建議妳可以向他問清楚，到底他說出來的原因是什麼？如果他常常無法讓妳信賴，也許下次還有什麼秘密時，可能妳就必須忍耐不要隨便告訴他，免得相同的事又重新上演。

小天使以為人與人相處，「講信用」是一件很重要的事，答應別人的事就要盡力做到。如果你不喜歡別人食言而肥，就不要讓自己也成為一個無法讓人信賴、信用破產的人喔！

希望你不再生氣、煩惱的小天使上

談信賴

　　信賴就是說到做到，讓人家相信你說的話和做的事。所以「誠實」就成為一件很重要的事。如果你一再的說謊，明明無法做到的事還答應別人。經過一次、兩次……以後，別人就不會再相信你，就失去對你的信賴，將來如果你要再讓別人信賴你，就要更努力才行。

　　讓父母、老師信賴你會做好自己的事，他們才不會太擔心。以後長大工作時讓老闆、客戶信賴你，才會有好的工作表現。讓朋友信賴你，才會交到更多的好朋友。

信賴大檢測

　　想一想，這些信賴的行為你做到了嗎？

是	否	項　　目
		我會做好功課讓父母信賴我。
		我會照顧自己讓父母信賴我。
		我會遵守父母和我的約定。

學校生活方面

是	否	項　　目
		我不會說謊，讓別人能相信我。
		我會做好功課讓老師信賴我。
		我會相信同學說的話。

相反詞萬花筒

認識相反詞

「相反詞」就是意思完全相反的語詞。例如「大」的相反詞是「小」，「安靜」的相反詞是「熱鬧」。

動動腦，填上正確的相反詞。

❶

白天　　　（　　　　）

❷
長　　　（　　　　）

❸
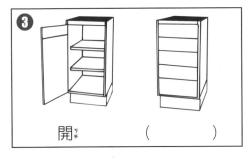
開　　　（　　　　）

❹
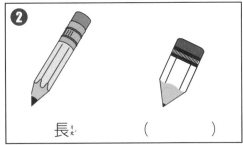
冷　　　（　　　　）

❺

乾淨　　（　　　）

❻

高興　　（　　　）

❼

勇敢　　（　　　）

❽

瘦巴巴　　（　　　）

❾

天堂　　（　　　）

❿

上課　　（　　　）

當兩個詞的意思完全不一樣，卻出現在同一個句子時，強烈的對比會讓句子更深刻。下面的每個句子當中皆藏有一組相反詞，請把它們圈出來。

例如：以 (大) 欺 (小) 是不對的行為。

1. 寒冷的冬天到了， 躲在溫暖的被窩裡最舒服了。

2. 上學要準時， 不要常常遲到。

3. 我喜歡烏黑的長髮， 姊姊卻喜歡清爽的短髮。

4. 醜小鴨有一天也會變成美麗的天鵝。

5. 以強欺弱是不符合公平正義的行為。

6. 他把停車場的出口當作入口， 難怪會發生意外。

7. 失敗為成功之母。

8. 不要再傷心了， 要以快樂的心情迎接未來。

9. 他的父母親很節省， 沒想到他卻那麼浪費。

10. 哥哥匆匆忙忙的跑出去又跑進來， 不知道在忙些什麼？

修辭加油站

　　當我們在說話或寫作時，有時為了表現自己內心強烈的感受，或是要使主題更突出引人注意，常會針對所要表達的情感、現象，用相同的字、詞、句，接二連三的反覆使用，這種修辭方法就叫「類疊修辭」法。

 ## 類疊修辭的形式

一、疊字：同一個字或同一個詞連續重複出現。

　　例句：藍藍的天空有許多白雲。

二、類字：同一個字或詞間接重複出現。

　　例句：我真不敢相信，他竟然能把故事說得這麼生動，這麼有趣。

三、疊句：同一個句子連續重複出現。

　　例句：盼望著！盼望著！暑假終於來臨了！

四、類句：同一個句子間接重複出現。

　　例句：朋友！謝謝你，在我失敗的時候，安慰我、幫我加油打氣。朋友！謝謝你，在我成功的時候，讚美我、與我分享喜悅。

唸唸看， 你會更了解類疊法喔！

類疊家族疊羅漢　　兄弟姊妹都來到
單獨一人難做到　　人多一起才熱鬧

找一找， 以下是類疊法的句子畫○， 不是的畫 × 。

1. （　　）藍藍的天空、 藍藍的海， 真是美麗！

2. （　　）我們常常一起讀書， 一起遊戲。

3. （　　）妹妹緊緊的靠在媽媽的懷裡。

4. （　　）月姑娘害羞的躲在雲後面。

5. （　　）快看哪！ 天空出現了一道彩虹。

6. （　　）在這裡我們一起哭過， 在這裡我們一起笑過， 這裡有太多屬於我們的回憶。

7. （　　）蝴蝶在花園裡飛舞， 一會兒東， 一會兒西。

8. （　　）他的聲音聽起來像輕柔的搖籃曲。

9. （　　）慢慢的， 慢慢的， 太陽從雲後面露出來了。

10. （　　）老師像什麼？ 老師像媽媽一樣， 辛苦的照顧我們。

童話狂想曲

　　從前有兩個人，一個長得高高白白的叫做謝必安，另一個長得矮矮黑黑的叫做范無救。雖然兩個人體型相差很多，但感情卻很好，是一對無話不談的好朋友。

　　有一天，兩人約好了要一起出去郊遊。他們一路上說說笑笑的走著，來到一座橋時，忽然天空烏雲密布，好像快要下起大雨的樣子。這時謝必安看看天空後對范無救說：「看這天氣等會兒可能會下大雨，我回去拿把傘來，你就在橋下等我吧！」說完以後，謝必安便匆匆忙忙的趕緊回家拿傘，只留下范無救一個人在橋下。

　　沒想到謝必安走後，雨越下越大，河水也越升越高。范無救眼看著河水一直上升，卻不見謝必安的蹤影，心裡非常著急。他很想離開，但又怕謝必安來時會找不到他，所以不敢走。後來河水暴漲，他還是守著信約，用雙手緊緊地抱住橋樑，不肯離開，范無救就這樣溺死了。

　　過了一段時間，謝必安拿著傘回來了，但他卻找不到范無救。他知道范無救是個守信用、重承諾的人，他一定是沒離開橋下被水淹死了。謝必安很傷心，覺得是自己害了他，就「撲通！」一聲跳進河裡想自殺。可是水已經退了，他又長得太高，水根本無法淹死他，所以他又跑到山上上吊死了。

　　後來玉皇大帝被他們講義氣、守信用的精神感動，便封謝必安為七爺，范無救為八爺，派他們協助城隍爺掌管人間善惡的事情。

👣 你覺得這個故事中，有哪些地方是符合信賴的，請在□中打✓。

　　□ ㄅ 八爺答應要等七爺回來，所以沒離開橋下。

　　□ ㄆ 七爺說會下雨，結果真的下雨了。

　　□ ㄇ 七爺回家拿傘後又回來了。

👣 如果讓你來改寫這篇故事，你覺得八爺可以怎麼做，讓他的行為符合信賴，但是又不會失去性命呢？請在□中打✓。

　　□ ㄅ 八爺可以不用理會跟七爺的約定，自己先回家。

　　□ ㄆ 八爺可以先在安全的地方等，等雨停了或是水退了再回到橋下。

　　□ ㄇ 八爺可以直接到七爺家找他。

如果讓你來改寫這篇故事，讓七爺、八爺活在現代社會，八爺可以怎麼做，讓他的行為符合信賴，但是又不會失去性命呢？

✬ ✬ 圖像急轉彎 ✬ ✬

小朋友，請你仔細看一看下面的圖像故事，你看到了什麼？ 請在□中打 ✓ 。

1.	□ ㄅ 有兩個人走在馬路上， 路旁有一個愛心傘桶。 □ ㄆ 有兩個人走在馬路上， 路旁有一個垃圾桶。
2.	□ ㄅ 下雨了， 大家都被淋濕了。 □ ㄆ 下雨了， 愛心傘桶中的傘被大家拿光了。
3.	□ ㄅ 忽然下起雨了。 □ ㄆ 忽然吹起一陣風。
4.	□ ㄅ 雨停了， 愛心傘也都不見了。 □ ㄆ 雨停了， 大家都把愛心傘送還回來了。

小朋友，請你想一想， 這個故事的正確順序應該是 （　　） → （　　） → （　　） → （　　）。

學完這個單元，在下面的問題中勾選出學習的成果。

檢核項目	不太會	有點會	很會	非常會	完全會
我對信賴的了解					
我會做信賴的事					
我對相反詞內容的了解					
我會用類疊修辭					

第六單元

知識百寶袋

小朋友，下面是一篇小朋友的文章，我們將要展開一趟學習之旅。你可以學到品格、句型和修辭喔！

寒流來的時候

桃園市北門國小二年三班林澤堯

　　寒流來的時候，溫度計上的紅線快要看不到了，每個人一說話就吐出濃濃的白煙，大家的鼻頭都像紅紅的草莓，還常常聽到咳個不停的聲音。這時候的人，都縮著脖子、插著口袋，彎腰駝背好像矮矮的哈比人。只有我像阿拉斯加的救難犬抬頭挺胸，蹦蹦跳跳，一點也不怕冷。

　　寒流的早晨，室外的空氣冷得可以把螞蟻凍僵。當導護老師的媽媽，一樣要在我們都用厚厚的棉被裹著身子，賴在床上，不肯起床的時候，站在路口護送學生。媽媽說，當她用凍僵的雙手揮動旗子，看著學生安全的通過，心

中就有溫暖的感覺，媽媽也和我一樣不怕冷了。這時候的媽媽，比任何人都偉大。

寒流來襲的日子，我和哥哥最喜歡騎著滑板車，衝來衝去。看著汗流浹背的我們，爸爸說，窩在山洞裡冬眠的熊，一定很羨慕我們。我們看著縮在一起的同學，心裡也在想：為什麼我們不怕冷呢？

寒冷的天氣雖然讓氣溫降低，讓人們退縮，可是我喜歡在這樣的時候，和哥哥一起活動。

讀一讀、想一想

在「寒流來的時候」這篇文章裡，可以看到澤堯提到許多關於在寒流來襲時的事件。從這些事件中，可以發現澤堯活潑充滿熱力的精神，也可以看到媽媽認真負責、不怕辛苦的身影。雖然內容不多，字數很少，但是讀起來卻很有趣。

👣 現在請小朋友根據「寒流來的時候」這篇文章的內容，回答下面的問題：

1. （　）澤堯的媽媽在哪裡工作？
   ❶ 國民小學　　　　❷ 清潔隊
   ❸ 菜市場

2. （　）澤堯不怕冬天是因為：
   ❶ 有暖呼呼的毛衣　❷ 蓋著棉被
   ❸ 衝來衝去動個不停

3. （　）澤堯覺得媽媽：
   ❶ 比螞蟻還辛苦　　❷ 比任何人都偉大
   ❸ 比冬眠的熊還雄壯

4. （　）澤堯覺得寒流來的早晨，空氣冷得可以把：
   ❶ 大熊　　　　　　❷ 螞蟻
   ❸ 媽媽
   凍僵

5. （　）「寒流來的時候」這篇文章中，所有提到的景物都可以用哪一個字代表？
   ❶ 美　　　　　　　❷ 冷
   ❸ 愛

6. （　）寒冷的天氣裡澤堯喜歡：
   ❶ 縮著脖子　　　　❷ 插著口袋
   ❸ 和哥哥一起活動

仔細的看過「寒流來的時候」這篇文章後，請你根據文章內容，完成下面的問題。

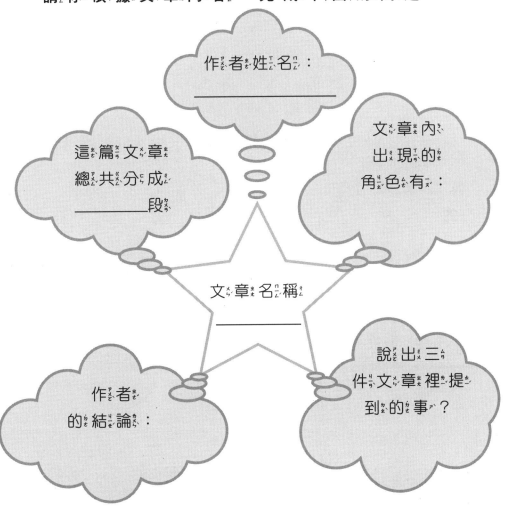

故事藏寶圖（二）

在「寒流來的時候」這篇文章中有許多形容冬天的「冷」的句子，請你一一找出來，寫在雲朵上。

溫度計上的（　　　）快要看不到了

大家的鼻頭都像紅紅的（　　　）

人人都縮著（　　　）、插著（　　　）

（　　　）好像矮矮的哈比人

每個人一說話就吐出濃濃的（　　　）

寒流來的時候

品格放大鏡

什麼是「寒流」？

冬天的時候，北極附近的冷空氣會逐漸的往南邊移動，這些冷空氣通過台灣地區時，會使台灣的氣溫下降。當氣溫很低，低過了10度以下，氣象局就會發布「寒流警報」。這時候，所有的人都會穿上厚厚的衣服，縮著脖子，甚至冷得不想出門，不想做任何的活動，只想圍在暖爐旁邊取暖。

不過要到幾度以下才會覺得很冷，要看居住的地區而定喔！台灣因為是海島型國家，氣候潮濕，所以10度就覺得很冷。在中國北方有許多地方，屬於大陸型氣候，天氣乾燥，所以10度的時候還不會覺得冷。這些地區，可能都要等氣溫降到0度以下，大地都結冰了，才會發布寒流警報呢！

 想一想

澤堯的媽媽在寒流來的早上， 冒著幾乎結凍的氣溫， 辛苦的工作， 這是一種什麼樣的品格呢？ 請你把答案塗上顏色。

信賴	關懷	責任	誠實

下面的行為中， 符合這種品格的行為請在（ ） 中打 ✓ 。

1. （ ） 我穿著暖呼呼的毛衣-， 不讓自己感冒著涼。
2. （ ） 媽媽一大早就出門工作。
3. （ ） 冬天的早晨， 我最喜歡賴床。
4. （ ） 弟弟來搶我的被子。
5. （ ） 我把弟弟踢到床下。

談責任

　　澤堯的媽媽為了讓學生能安全通過路口， 也為了盡力做好自己的工作， 擔任導護工作的時間都不怕辛苦， 一大清早， 不管是刮風還是下雨， 不管是炎熱還是寒冷， 都會在崗位上執勤。 這種不怕辛苦， 不怕勞累， 盡力做好自己的工作的態度， 就是一種負責任的態度。

有責任感的人會盡力做好自己的事，而且會為身邊的人帶來更真誠、更善良、更美好的生活，讓人人都喜歡與他一起工作，一起生活。這樣的人，不論在什麼環境裡，都會是人人喜愛的一份子喔！

親愛的小朋友，你認為以下的行為中，哪些也是負責任的態度呢？請在（　）中打✓。

1.（　）放學後先寫完功課再看電視。

2.（　）考試的時候不偷看別人的答案。

3.（　）如果我答應爸媽不打電動，即使他們不在家也不偷打。

4.（　）爸媽辛苦的工作回來會幫他們捶捶背。

5.（　）寫功課的時候會一筆一劃的把字寫整齊。

6.（　）做打掃工作時會把自己負責的部分盡力做好。

7.（　）幫老師改作業。

8.（　）按時交作業。

9.（　）每天整理書包。

責任感大檢測

 想一想，下面這些負責任的行為你能做得到嗎？ 請在正確的選項裡打 ✓ 。

家庭生活方面

是	否	項　　目
		答應爸媽的事一定會做到。
		能夠自己整理自己的房間。
		會每天整理書包。

學校生活方面

是	否	項　　目
		會做好自己的打掃工作。
		能一筆一劃的把字寫整齊。
		不管老師在不在，都會遵守班級的紀律。

品格小天使

親愛的小天使您好：

　　我最近很不快樂，因為每天晚上我都會被媽媽罵。

　　事情是這樣的：最近我迷上迪士尼頻道的一個節目，叫做「小查與寇弟的頂級生活」。這個節目超好笑，我真的很喜歡看。可是因為它是每天晚上十一點播出的，所以媽媽都不准我看，要我早點去睡覺。

　　我覺得非常不公平，爸爸、媽媽他們都沒有這麼早睡呀！為什麼媽媽不能讓我看我喜歡的節目呢？我想媽媽一定不愛我了，我的心情很難過。

　　請小天使告訴我，該怎麼樣才能讓媽媽答應讓我看電視呢？

　　　　　　　　　　　　小戲迷上

親愛的小戲迷：

在回答你的問題之前，小天使要先請問你：當你看完十一點才播出的電視節目後，你第二天的早上起得來嗎？到學校後精神好嗎？你會不會覺得，早上起床的時候非常難過呢？

在你們現在這個年紀，充足的睡眠對身體發育的影響很大。如果沒有好的睡眠品質，不但身體會不健康，連智力都可能受影響。所以小天使覺得媽媽要你早點睡覺，應該是關心你，而不是不愛你。

至於你喜歡看的節目，可以找找看它有沒有重播的時段，或是請爸、媽為你錄下來，白天再看。這樣又能看到喜歡的節目，又能照顧好自己的身體，又不會惹媽媽生氣，實在是一舉三得呢！知道嗎？能夠分清楚什麼事能做，什麼事不能做，而且不去做不能做的事，也是一種負責任的表現呢！

祝你成為一位又負責、又快樂的好戲迷。

小天使上

句型萬花筒

小朋友，當我們說話時，想讓別人聽得懂，必須先要說得清楚。請小朋友看看下面的句子，有哪一些是讓人看不懂的？為什麼會看不懂呢？

★ 喜歡打躲避球。

★ 看到哥哥跑過來。

★ 小明最喜歡和同學打躲避球。

★ 小香看到哥哥向著她跑過來。

有沒有感覺到：雖然第一、二個句子和第三、四個句子很像，但是第三、第四個句子卻比較看得懂。

為什麼呢？

這是因為第三、第四個句子裡，把主要的人物也寫出來了，這所謂的「主要人物」，我們就稱它為「主詞」。

請你幫忙把下面的句子填上主詞。

1. (　　　　　) 最愛吃胡蘿蔔。

2. (　　　　　) 說的故事最好聽。

3. (　　　　　) 是我最要好的朋友。

4.（　　　　　）長得又高又大。

5.（　　　　　）有一件漂亮的洋裝。

6.（　　　　　）投的伸卡球很有威力。

👣 練習一下

★ 小明說：「這棵樹好大，我喜歡。」

★ 小香說：「這棵樹長得又濃密又高大，樹蔭底下好涼爽，我最喜歡在這棵樹下玩耍了。」

你覺得哪一位小朋友說得比較好呢？

為什麼呢？

　　小香的話裡，加上了一些形容詞，這樣不但更清楚的說出了大樹的長相、功能，還說出自己喜歡大樹的原因，讓聽的人可以完全了解小香的意思。

　　所以形容詞是句子的化妝品，可以讓一句普通的話變得優美動人。請你也來做個神奇的美容師，把下面的句子改變一下，讓它更美更動人吧！

1.夜市裡有許多好吃的小吃。

　　（　　　　　　　　　　　　　　　　　　　　　　　）

2.這件衣服是我最喜歡的一件。

　　（　　　　　　　　　　　　　　　　　　　　　　　）

3.多吃水果對身體很好。

　　（　　　　　　　　　　　　　　　　　　　　　　　）

修辭加油站

什麼叫做「譬喻句」？

當我們在寫文章的時候，為了讓句子更有變化，讓看文章的人能夠更生動、更有趣的閱讀，會用一些比喻的方式來形容，這種修辭的方法就叫做：譬喻法。

一般的譬喻句裡常會出現：像、好像、彷彿、似、就似……等的字眼，這樣的比喻方式稱為：**明喻**。但是也有些譬喻法的句子裡，不會明顯的出現上面那些字眼，這樣的比喻方式稱為：**暗喻**。

可是暗喻的句子該如何判斷呢？

如果在句子裡，看到用一種事物來代表另一種事物時，就是一種暗喻的修辭法。

例如：

❶ 媽媽的愛**像**三月的微風，輕輕的吹著我疲憊的心。

★ 把媽媽的愛形容成三月的微風，是一個使用了明喻技巧的譬喻句。

❷ 我家的狗一看到老爸回來了， **就像**老鼠看到貓一樣， 立刻縮到客廳的角落裡。

★ 這個句子用老鼠看到貓的方式來形容狗對爸爸的害怕， 也是一個明喻法的句子喔！

❸ 公園裡最吸引我的是那一片綠色的大地毯， 讓我忍不住要在上面翻滾。

★ 這裡用綠色的大地毯形容公園裡的草地， 就是隱喻的用法啦！

❹ 我和姊姊常把東西隨手一放就找不到了， 可是只要福爾摩斯一出馬， 立刻就能找出來， 讓我和姊姊對老爸佩服得五體投地。

★ 把名偵探福爾摩斯搬出來形容老爸的推理能力， 當然也是一種暗喻的修辭技巧嘍！

好像彷彿會說話， 紳士變成黑烏鴉，
大樹竟然成陽傘， 喇叭原來是朵花；
明喻暗喻通通來， 句子才會有變化。

我會了

請你判斷一下，下面的句子是「譬喻句」的，請在（　）中打✓。

1. （　）我有老虎的力氣。

2. （　）這個人的力氣好大。

3. （　）搬這個箱子很費力。

4. （　）滿天的星星像螢火蟲一樣的一閃一閃亮晶晶。

5. （　）滿天的星星對我眨眼睛。

6. （　）滿天的星星陪著我入睡。

7. （　）爸爸像大樹一樣保護著我們。

8. （　）無微不至的呵護著我一天天長大。

9. （　）他是我的守護神。

10. 請你也寫一個譬喻句來試試看！

_____

修辭大偵探

現在你知道譬喻修辭的用法了嗎？

使用譬喻法可以讓我們的文句更有趣、更生動，所以就可以更吸引人了。要想把譬喻句用得好，要有靈活的頭腦，也要有豐富的想像力，更要有充足的知識。相信小朋友們一定具有這樣的能力。

接著要先請你從「寒流來的時候」這篇文章中找一找，有哪些句子是譬喻句呢？再做做看下面的練習。

小試身手

👣 下面的句子，是譬喻句的請打〇，不是的請打╳。

1.（　）溫度計上的紅線快要看不到了。

2.（　）大家的鼻頭都像紅紅的草莓。

3.（　）這時候的人，都縮著脖子、插著口袋，彎腰駝背好像矮矮的哈比人。

4.（　）我像阿拉斯加的救難犬抬頭挺胸，蹦蹦跳跳，一點也不怕冷。

5.（　）媽媽用凍僵的雙手揮動旗子。

6.（　）怕冷的爸爸像窩在山洞裡冬眠的熊。

童話狂想曲

　　小紅帽是一個活潑可愛、人見人愛的小女孩。她不但是個可愛的孩子，也是個樂於助人的孩子，只要見到別人需要幫助，她一定立刻伸出援手。

　　小紅帽的奶奶一個人住在郊區。有一天奶奶生了重病，沒有辦法下床，所以媽媽準備了許多食物，要小紅帽拿去給奶奶。小紅帽立刻接過媽媽準備的物品，戴上她的招牌「小紅帽」，就出發去奶奶家了。

　　小紅帽走了沒有多久，看到路邊有許多小花，萬紫千紅非常美麗，小紅帽被這些美麗的花吸引，忍不住停下來摘花。她想：「我如果把這些花帶給奶奶，奶奶看到這樣美麗的花，心情一定很好，對奶奶的病情一定有幫助。」

　　就這樣，小紅帽摘了三十分鐘的花，然後急急忙忙的趕到奶奶家。一進門，小紅帽就看到奶奶倒在地上。原來奶奶五分鐘前口渴想喝水，於是下床去倒水。可是虛弱的奶奶四肢無力，一個不小心就摔倒在地上，把腳給扭傷，爬不起來了。

小紅帽趕緊打電話給119請救護車把奶奶送到醫院，同時告訴媽媽，要媽媽跟她在醫院會合。

請你判斷一下小紅帽的行為，哪些是負責任的，請在（　）中打〇，哪些是不負責任的，請在（　）中打×。

1.（　　）幫媽媽拿食物給奶奶。

2.（　　）在路上摘花給奶奶。

3.（　　）打電話請救護車送奶奶去醫院。

4.（　　）通知媽媽有關奶奶的情形。

圖像急轉彎

小朋友，請你仔細看一看下面的圖像故事，你看到了什麼？ 請在□中打 ✓ 並且排出正確的順序， 讓它成為一個完整的故事。

1.	□ ㄅ 蛋大叔氣得破口大罵，蛋頭兄弟趕緊跑開。 □ ㄆ 蛋大叔教蛋頭兄弟踢足球。
2.	□ ㄅ 蛋頭兄弟在吃棒棒糖。 □ ㄆ 蛋頭兄弟準備要去踢足球。
3.	□ ㄅ 蛋頭兄弟把蛋大叔的窗子踢破了。 □ ㄆ 蛋大叔家很久沒人住，連窗子破了都沒修。
4.	□ ㄅ 蛋大叔家飛出來一顆足球。 □ ㄆ 蛋頭兄弟不小心把球踢向蛋大叔家。

👣 這個故事的正確順序是：

(　　) → (　　) → (　　) → (　　)

👣 你覺得蛋頭兄弟的行為是有責任感的嗎？

☐ 有責任感

☐ 沒有責任感

👣 寫寫看你為什麼這樣覺得？

請你讀一讀下面這段關於「負責的小蜜蜂聒聒」的故事，然後幫它寫個結尾。

　　小蜜蜂聒聒最喜歡在美麗的花園裡飛舞，他不管飛過哪個角落，總是會停下來和其他的小昆蟲們聊一聊。

　　這一天，聒聒飛到玫瑰花上休息，看到小毛蟲佳佳。佳佳扛著一個橡樹種子，辛苦的爬呀爬的。聒聒問：「佳佳，妳在做什麼？」

　　「我要把這個橡樹種子送去給我的表哥獨角仙恰恰。」佳佳說。

　　「哇！這樣妳要爬很久很久，可能爬到妳變成蝴蝶了，都沒辦法送到恰恰身邊呢！」聒聒說。

　　「是呀！我也很煩惱呢，我實在是爬得太慢了。」佳佳說。

　　當佳佳和聒聒都頭痛得不得了時，聒聒忽然想到好辦法：「我幫妳送去吧，我用飛的會比較快。」

　　「真的可以嗎？」佳佳高興的問。

　　「當然！」於是聒聒抱起橡樹種子，往獨角仙恰恰的家飛去。

　　飛了一段時間後，聒聒覺得橡樹種子越來越重，而獨角仙恰恰的家還很遠很遠，這時他心裡想……

　　你覺得負責任的小蜜蜂聒聒會怎麼做呢？請接著寫在下面。

學完這個單元， 在下面的問題中勾選出學習的成果。

檢核項目	不太會	有點會	很會	非常會	完全會
我對責任的了解					
我會做負責任的事					
我對句型內容的了解					
我會用譬喻修辭					

第二階段闖關

第一關	品格
第二關	語詞
第三關	句型
第四關	修辭

第一關
品格焦點大檢測

 品格紅綠燈

請你判斷下面的行為屬於哪一種品格特質？在正確的格子裡著色。

行為表現	公平正義 （塗紅色）	信賴 （塗黃色）	責任 （塗綠色）
不做個食言而肥的人。			
在學校看到大欺小，趕快報告老師。			
向圖書館借書會準時歸還。			
做好自己的打掃工作。			
看到弟妹吵架會去阻止。			

行為表現	公平正義 （塗紅色）	信賴 （塗黃色）	責任 （塗綠色）
每天整理書包。			
答應別人的事就會做到。			
照顧好自己不要生病。			
遊戲時遵守規則。			
寫字時會把字一筆一劃寫整齊。			
不欺負弟妹。			

品格迷宮轉轉轉

請在下面的迷宮裡找出三句說明品格行為的完整的話，並且塗上顏色；是公平正義行為的塗紅色、是信賴行為的塗黃色、是責任行為的塗綠色。

而	言	等	下	再	去	公	園
有	人	師	老	告	報	要	件
信	做	他	們	不	在	葉	事
才	放	使	答	應	也	樹	凌
會	假	即	生	父	會	紅	霸
得	到	事	的	母	完	片	的
想	大	遊	樂	場	成	一	裡
回	家	的	信	任	學	校	園

第二關
語詞超級競技場

競技戰士介紹

形容詞 可以幫助我們把想說的事物表達得更完整，同時讓句子更有變化。

相反詞 具有完全不同的意思，如果同時出現在一個句子裡，會讓讀的人有更強烈的感受。

競技場

👣 請根據句子的意思把正確的語詞填進去。

膽小	美味	臭味	親切
瘦小	華麗	寬鬆	強壯
驕傲	勇敢	狡猾	懶散
善良	香氣	聰明	高大

1. 這件（　　　　　）的衣服穿在他那（　　　　　）的身體上，更顯得他的瘦弱。

2. 小明的個性（　　　　　），做事（　　　　　），實在很難讓人信任他。

3. 在這充滿（　　　　　）的地方，飄來的一陣陣（　　　　　），讓人不由得精神一振。

4. 史瑞克雖然是個妖怪，但是因為他的個性（　　　　　），對待森林裡的鄰居的態度又很（　　　　　），因此有許多童話故事裡的主角都想和他做朋友。

5. 小強雖然擁有一副（　　　　　）又（　　　　　）的身材，卻只會用來為非作歹。

6. 平常（　　　　　）的媽媽，在遇到有人要傷害孩子時，竟然表現得如此（　　　　　），證明了母愛的偉大。

第三關
句型超級競技場

關於句型

一個句子裡有了主詞，才能讓人充分了解整句話的意思；善用形容詞則可以讓句子更明確，更豐富，更有變化。

競技場

請在下面的空格裡填上主詞及形容詞，讓句子又清楚又優雅。

	穿著		的褲子，看起來	

請將下面的句子加長。

1.我喜歡走在小巷裡。

_____

2.經過許多努力，王建民終於成功了。

_____

3.夏天吃冰是一種享受。

_____

第四關

修辭王國變變變

修辭對對碰

連連看，這些句子是利用哪些修辭法？

1 天氣不冷不熱，正是出遊的好日子。

2 他跑起來像獵豹一樣快。

● 譬喻

3 下課時和同學說說笑笑，聊聊學校的趣事。

4 咦！奇怪？怎麼一點聲音都沒有？

● 設問

5 老師不在時，教室像菜市場一樣吵鬧。

6 要怎樣才能寫出一篇好文章呢？

● 類疊

四ㄙˋ季ㄐㄧˋ馬ㄇㄚˇ拉ㄌㄚ松ㄙㄨㄥ

下ㄒㄧㄚˋ面ㄇㄧㄢˋ的ㄉㄜ˙句ㄐㄩˋ子ㄗ˙運ㄩㄣˋ用ㄩㄥˋ了ㄌㄜ˙類ㄌㄟˋ疊ㄉㄧㄝˊ、 譬ㄆㄧˋ喻ㄩˋ、 設ㄕㄜˋ問ㄨㄣˋ三ㄙㄢ種ㄓㄨㄥˇ修ㄒㄧㄡ辭ㄘˊ的ㄉㄜ˙方ㄈㄤ法ㄈㄚˇ來ㄌㄞˊ描ㄇㄧㄠˊ寫ㄒㄧㄝˇ四ㄙˋ季ㄐㄧˋ， 請ㄑㄧㄥˇ你ㄋㄧˇ想ㄒㄧㄤˇ一ㄧˋ想ㄒㄧㄤˇ， 在ㄗㄞˋ（　） 裡ㄌㄧˇ填ㄊㄧㄢˊ入ㄖㄨˋ合ㄏㄜˊ適ㄕˋ的ㄉㄜ˙答ㄉㄚˊ案ㄢˋ， 並ㄅㄧㄥˋ且ㄑㄧㄝˇ選ㄒㄩㄢˇ出ㄔㄨ它ㄊㄚ用ㄩㄥˋ的ㄉㄜ˙是ㄕˋ哪ㄋㄚˇ種ㄓㄨㄥˇ修ㄒㄧㄡ辭ㄘˊ？

編ㄅㄧㄢ號ㄏㄠˋ	內ㄋㄟˋ容ㄖㄨㄥˊ	修ㄒㄧㄡ辭ㄘˊ法ㄈㄚˇ（請ㄑㄧㄥˇ打ㄉㄚˇ ✓）
1	（　　　　　　　） 在ㄗㄞˋ哪ㄋㄚˇ裡ㄌㄧˇ？ 春ㄔㄨㄣ天ㄊㄧㄢ在ㄗㄞˋ花ㄏㄨㄚ園ㄩㄢˊ裡ㄌㄧˇ， 你ㄋㄧˇ沒ㄇㄟˊ看ㄎㄢˋ到ㄉㄠˋ草ㄘㄠˇ兒ㄦ˙發ㄈㄚ出ㄔㄨ（　　　　　） 的ㄉㄜ˙新ㄒㄧㄣ芽ㄧㄚˊ， 花ㄏㄨㄚ兒ㄦ˙也ㄧㄝˇ迎ㄧㄥˊ風ㄈㄥ搖ㄧㄠˊ擺ㄅㄞˇ。	□ 類ㄌㄟˋ疊ㄉㄧㄝˊ法ㄈㄚˇ □ 譬ㄆㄧˋ喻ㄩˋ法ㄈㄚˇ □ 設ㄕㄜˋ問ㄨㄣˋ法ㄈㄚˇ
2	夏ㄒㄧㄚˋ天ㄊㄧㄢ時ㄕˊ， 蟬ㄔㄢˊ兒ㄦ˙在ㄗㄞˋ樹ㄕㄨˋ上ㄕㄤˋ（　　　　　）的ㄉㄜ˙叫ㄐㄧㄠˋ著ㄓㄜ˙， 好ㄏㄠˇ像ㄒㄧㄤˋ在ㄗㄞˋ（　　　　　）。	□ 類ㄌㄟˋ疊ㄉㄧㄝˊ法ㄈㄚˇ □ 譬ㄆㄧˋ喻ㄩˋ法ㄈㄚˇ □ 設ㄕㄜˋ問ㄨㄣˋ法ㄈㄚˇ
3	秋ㄑㄧㄡ風ㄈㄥ像ㄒㄧㄤˋ（　　　　　）， 將ㄐㄧㄤ落ㄌㄨㄛˋ葉ㄧㄝˋ送ㄙㄨㄥˋ到ㄉㄠˋ每ㄇㄟˇ個ㄍㄜˋ人ㄖㄣˊ的ㄉㄜ˙家ㄐㄧㄚ。	□ 類ㄌㄟˋ疊ㄉㄧㄝˊ法ㄈㄚˇ □ 譬ㄆㄧˋ喻ㄩˋ法ㄈㄚˇ □ 設ㄕㄜˋ問ㄨㄣˋ法ㄈㄚˇ
4	寒ㄏㄢˊ冷ㄌㄥˇ的ㄉㄜ˙冬ㄉㄨㄥ天ㄊㄧㄢ， 我ㄨㄛˇ喜ㄒㄧˇ歡ㄏㄨㄢ抱ㄅㄠˋ著ㄓㄜ˙（　　　　　）的ㄉㄜ˙火ㄏㄨㄛˇ鍋ㄍㄨㄛ， （　　　　　）個ㄍㄜ˙過ㄍㄨㄛˋ癮ㄧㄣˇ； 寒ㄏㄢˊ冷ㄌㄥˇ的ㄉㄜ˙冬ㄉㄨㄥ天ㄊㄧㄢ， 我ㄨㄛˇ喜ㄒㄧˇ歡ㄏㄨㄢ躲ㄉㄨㄛˇ在ㄗㄞˋ被ㄅㄟˋ窩ㄨㄛ裡ㄌㄧˇ， （　　　　　）個ㄍㄜ˙過ㄍㄨㄛˋ癮ㄧㄣˇ。	□ 類ㄌㄟˋ疊ㄉㄧㄝˊ法ㄈㄚˇ □ 譬ㄆㄧˋ喻ㄩˋ法ㄈㄚˇ □ 設ㄕㄜˋ問ㄨㄣˋ法ㄈㄚˇ

行動與感動

心情的轉折

參加閱讀小組的行動研究工作坊已經三年,對課程研究與發展的能力雖然由生疏,漸漸純熟,但心境上卻日益惶惑。因為在三年的研發中,發現自己儘管給學生帶來許多不一樣的學習方向,更多元而活潑的學習素材,卻也給自己帶來改也改不完的學習單。

學習單中為了讓學生發揮創意,留有許多發展空間,因此,張張學習單都有不同的結果呈現,孩子們所有天馬行空的想法都盡情的揮灑在那一方 A4 的小紙上,而老師只能抱著頭發燒。所以每當發下學習單,學生唉嘆著:「啊!又要寫學習單啦!」這時老師心中也在狂吼:「啊!又要改學習單啦!」說起來,老師的痛苦可能更甚於學生。

這次,我們決心不再讓學生難過,當然,也絕不再讓自己痛苦了。因為如果教學過後,會增加老師的負擔,將讓再優的教學方法,都無法找到發揮的舞台。

所以,我們積極研究自學的可行性,因為教學法不但要有效,更要可行。

教什麼?

既然要讓教學過程簡單化,首先就必須思索:用什麼作為教學的素材?

1. 要讓人人都能不費力的取得。
2. 必須能囊括品格、閱讀與寫作。
3. 能有多樣性的呈現內容。

報紙是連結人與社會最直接的媒體,透過報紙可以了解時事,透過報紙可以明白現今最重要的資訊,並且與社會接軌。而孩子們最能夠有效閱讀的

就是《國語日報》。因此延續上一本《品格怎麼教？》是以繪本的角度來教孩子認識品格，這一次則是透過《國語日報》來貼近生活當中品格的實例，讓孩子從報紙認識品格，學習品格。

於是我們選擇以《國語日報》作為材料，藉由讀報完成品格與寫作的教學。

怎麼教？

當然是自學呀！

可是自學說起來容易，做起來可是難度不小。

首先，必須用淺顯的方式把觀念表達出來，讓學生可以自己看得懂。

其次，必須設計清楚明白的練習題目，讓學生熟悉教學內容。

最後，必須可以評鑑學生的學習效果。

不過，總算是在一次次的修改後，完成了這份不可能的任務。

教學的歷程

❶ 讀報教學

萬事起頭難，要以報紙作為認識品格的媒材，首先必須要讓孩子認識報紙，在剛學完注音符號的同時，就讓孩子認識報紙，這對於一年級小朋友來說可是一大工程。於是我們補充了「讀報小達人」這個部分，同時設計好符合低年級小朋友程度的讀報教學簡報來進行教學。發現孩子們的眼神都是專注的，對低年級而言，讀報紙是一件新鮮事，對於從來不看報也看不懂的他們而言，就像劉姥姥進大觀園，正進行一趟前所未見的知識之旅。除此之外，教學的同時還必須隨時修正，例如，報紙裡有些部分超過低年級小朋友的認知，報紙中以新聞方式呈現的文章讓低年級小朋友閱讀起來感覺非常艱澀，我們就將讀報的重點轉移放在認識報紙的名稱、版面、日期、文章標題

等等,而不是停留在孩子看不懂的部分。

在數次的練習後,試著讓學生在報紙上找些相關的文章,自己剪貼下來,果不其然,五花八門,缺頭斷尾的文章不一而足。可是讓人欣慰的是:他們所剪下來的片段真的都和約定的品格有關。

❷ 品格融入寫作

要將品格融入在這次的教學研究歷程,最重要的是選擇相關品格的文章。以「誠實」這個品格主題來說,我們選擇了《國語日報》中〈謊言小精靈〉這篇文章作為教學研究的主軸,設計一連串品格結合寫作的學習單,讓孩子以寫作的方式認識品格。

在教學的過程中,恰好發生了班級中小朋友說謊的事件,於是先以繪本《臘腸狗》開始〔詳細內容請參考《品格怎麼教?》(心理出版社,2006)〕,從故事引導孩子了解誠實的意義,再帶入「謊言小精靈」這篇文章,發現孩子更能深刻體會什麼是誠實?尤其在學習單的「圖像急轉彎」單元中,接寫故事的結局,孩子已經建立誠實的價值觀,甚至能賦予誠實故事完整的結局,例如有一位小朋友設計故事的結局時,他寫到:「直到有一天,吉米發現狼真的來了,吉米連忙呼喚村民,村民覺得吉米的話不能相信,認為吉米只是在捉弄大家,所以村民各自做事不理吉米。一直到最後,狼把所有的羊吃掉了,還是沒有人來。」

❸ 剪報活動

除了剪下文章給小朋友閱讀之外,我們也開始試著讓小朋友自己在報紙上找文章。然而沒想到原本以為簡單的讀報活動,竟然也狀況百出。許多學生在讀完一段內容後,完全找不到接下來的部分在哪裡;尤有甚者,竟不知文章還沒完,便紛紛鳴金收兵。這種情況讓我們深深的感知到:學生的學習,尤其是對一件全新事物的學習,其認知力的培養是需要一步步從最基礎的小細節上慢慢累積的。

但儘管如此，仍有些感人的成果出現。其中最讓人感動的是有一組的小朋友，剪了一篇假日有許多遊客上阿里山玩，將進行交通管制的報導。看到這篇報導真讓人丈二金剛，摸不著頭腦，這……跟品格有何相關？分組報告時，一直期待著這組小朋友提出說明。終於，他們說：「因為進行交通管制，所以警察必須一直值勤，很辛苦，可是警察都沒有休息，所以是負責任的表現。」聽著一年級的孩子如此娓娓道來，心中的激動真是筆墨難以形容；激動於孩子在報導的文字之下更能思考到行為的層面，而與生活經驗融合。也為我們努力的提供孩子不同學習方式，所呈現的成果感到欣慰。

 **家長參與**

整個教學的歷程中還加入家長的觀點，利用開學的班親會傳達這一年老師將要將品格融入讀報的計畫，並獲得家長的認同，甚至有義工媽媽利用晨間活動時間導讀品格相關的繪本。能透過家長在教學現場傳達品格的理念，是一件不容易的事情。家長與孩子的相處時間長久，其角色能更適切的傳達給孩子生活或家庭中的品格相關概念，因此在這次的教學研究當中，這也是最珍貴的經驗。

 **教師的省思**

在這一年來的教學實施與研究中，本來的預期心理是：低年級實施讀報是有困難的。幸好在不斷的改進與修正下，低年級的孩子漸漸能「讀報」，甚至透過報紙的文章閱讀，了解品格。這樣的成果推翻了開始的預期心理。

從讀報到寫作，從認識品格到實踐品格，這一路走來，最大的收穫莫過於孩子的成長與家長的認同。在教室裡看到一位學生因為說謊讓他掙扎許久，以及經由「讀報紙談品格」的教學讓全班的孩子們都認識了「誠實」，再加上家長不但支持更積極的實際參與，使我們不禁要說：這樣的教學是成功的！這樣的付出是值得的！

第一單元解答

知識百寶袋

1. ❶　　　2. ❷　　　3. ❶　　　4. ❶　　　5. ❷

故事藏寶圖

96年 1 月 9 日台北縣江翠國小

👣 **人物**： 陳佳珞、 曾奕慈、 黃向亨、 洪奕涵

👣 **經過❶**： 陳佳珞把手放在背上， 用嘴咬住彩色筆寫字， 很不好控制。

👣 **經過❷**： 曾奕慈用腳趾夾住筆寫字， 腳一直抖， 根本寫不出一個字。

👣 **經過❸**： 黃向亨把筆含在嘴裡時， 喉嚨噎住的感覺很不舒服。

👣 **經過❹**： 他們曾經看到沒有手的小販， 開朗樂觀。 看到沒有手的人， 用腳寫字、 吃飯、 開車。

👣 **結果**： 大家知道要好好保護身體。 而且自己的手腳健康， 應該要把事情做得更好才對。

品格放大鏡

你知道有什麼方法可以進一步認識口足畫家嗎？（參考解答）

網路查詢、透過畫會、閱讀介紹的書籍

看完上面這兩段文章，你有什麼感覺呢？下面的感覺，你認為正確的請在（）中打✓。

1.（✓）　2.（✓）　3.（✓）　4.（✓）　5.（✓）　6.（✓）　7.（✓）

關懷

下面的理由你認為正確的請在（）中打✓。

1.（✓）　3.（✓）

如果你遇到身心障礙的朋友，你會怎麼做？下面的做法你認為正確的請在（）中打✓。

2.（✓）　3.（✓）

品格小天使 （略）

量詞萬花筒

下面是剪報內容的句子，請把量詞找出來，並塗上顏色！

❀ 一大（堆）圖案　　　　❀ 當一（名）口足畫家
❀ 一（雙）手　　　　　　❀ 一（個）沒有手的小販
❀ 擁有一（副）好身體　　❀ 寫不出一（個）字

👣 連一連： 請找出適當的量詞！

三隻 → 小豬　　　五束 → 氣球　　　一張 → 椅子

一堆 → 書　　　　兩打 → 汽水　　　六雙 → 筷子

修辭加油站

❶ 視覺　**❷** 觸覺　**❸** 觸覺　**❹** 觸覺

童話狂想曲

👣 這個故事中「傷心的拇指公主發現了一隻受傷的燕子，她細心的照顧牠。直到燕子能飛回南方。」是和哪一種品格有關呢？請在□中打 ✓。

☑關懷

👣 你這樣覺得是因為拇指公主自己的遭遇這麼可憐（參考解答），卻還能用愛心、耐心去照顧受傷的燕子。

（以下兩題自行作答）

圖像急轉彎

1.ㄅ　　2.ㄆ　　3.ㄅ　　4.ㄅ

2→ 3→ 1→ 4

☑關懷

學習百分百　　（略）

第二單元解答

知識百寶袋

1.❷　　2.❶　　3.❷　　4.❸　　5.❸

故事藏寶圖

文章名稱：為別人著想

人物有：爸爸、媽媽、作者、妹妹

時間是：爸爸職務升遷的那天

討論的事情：晚餐要吃什麼？

爭執的事情：妹妹要吃滷肉飯、作者要吃水餃、媽媽要吃牛肉麵

結果：爸爸說到百貨公司的美食街，每個人都可以吃到自己喜歡的食物。

品格放大鏡（一）

尊重

1.(✓)　2.(✓)　4.(✓)　6.(✓)

品格放大鏡（二）

2.(✓)　4.(✓)　5.(✓)

品格小天使　（略）

名詞萬花筒

下列語詞中，哪些是名詞？請把它圈起來。

打掃	窗戶	玫瑰花	唱歌	睡覺
地板	小美	吃飯	桃園	彩虹
花朵	書本	汁液	跳舞	大熊
西瓜	寫字	橋	看醫生	護士
高雄	媽媽	下雨	雨	抹布
衣服	喝水	火車	白米	國語
吹風	洗手	上廁所	回家	房子

從上面的語詞中選出適當的名詞，填入（　）
中，完成下列的句子。

（參考解答）

1. 小美、高雄

2. 西瓜、汁液

3. 窗戶、地板、抹布

4. 雨、彩虹、橋

修辭加油站

有的人在跑步	高高的樹	一起打掃
有的人在唱歌	紅紅的花	一起讀書
有的人在做早操	綠綠的草地	一起遊戲
有的人在跳舞	藍藍的天	一起運動

童話狂想曲

（請依自己的想法作答）

圖像急轉彎

1. ㄅ　　2. ㄅ　　3. ㄅ　　4. ㄅ

1→ 2→ 4→ 3

☑ 尊重

學習百分百　（略）

第三單元解答

知識百寶袋

1. ❷　　2. ❸　　3. ❶　　4. ❶　　5. ❸

故事藏寶圖

★ 說謊時，小精靈會（高興的衝出來）

★ 小精靈居住的地方是（黑黑暗暗的世界）

★ 說實話時，小精靈會（回到黑暗的世界）

★ 故事最後，主人因為（誠實）讓小精靈又回到又黑又暗的世界裡。

品格放大鏡

誠實

下面的理由，你認為是正確的請在（　　）打✓。

1.（✓）

下面的句子中，是誠實的行為打○，說謊的行為打✗。

1.○　　2.○　　3.✗　　4.○　　5.✗　　6.✗

品格小天使　　（略）

動詞萬花筒 （參考解答）

寫出圖片中表示的動作。

| 【畫圖】 | 【看報紙】 | 【騎腳踏車】 | 【打電腦】 |

從句子中圈出動詞，並把動詞寫在【　　】中。

1. 煮飯　　動詞：【煮飯】
2. 飛翔　　動詞：【飛翔】
3. 爬　　動詞：【爬】
4. 看著　　動詞：【看著】

把屬於動詞的塗上顏色，會出現哪個字呢？

椅子	唱歌	皮鞋	春天	麥克風	獎狀	頭髮
看見	游泳	飛翔	大樹	說話	旅行	打棒球
鉛筆	寫字	大野狼	鑰匙	大象	作夢	球拍
算數學	讀書	開車	泥土	種子	走路	公車
小紅帽	跑步	汽車	馬路	小蝸牛	拍手	手環
睡覺	畫圖	蝴蝶	時鐘	喝水	彈琴	鋼琴

答案：【打】

修辭加油站

ㄅ → D　　　ㄆ → B　　　ㄇ → A　　　ㄈ → C

童話狂想曲 （參考解答）

誠實

👣 在這個故事中，吉米捉弄村民，大喊：「狼來了！」如果你是村民，要送給吉米一句話，你會說：<u>我們大家都很緊張，希望你說的都是真的。</u>

👣 如果你是吉米，當大家都不相信你的話時，你會（請在□中打 ✓ ）：☑ㄅ

👣 小朋友你發現了嗎？ 故事到後面，沒有接下來的劇情呢！ 現在請你試試看，把故事的結局寫出來：

直到有一天，吉米發現狼真的來了，吉米連忙呼喚村民，村民覺得吉米的話不能相信，認為吉米只是在捉弄大家，所以村民各自做事不理會吉米。 最後，狼把所有的羊吃掉了，吉米一邊大哭一邊求救，還是沒有人來。

圖像急轉彎

1.ㄅ　　2.ㄅ　　3.ㄅ　　4.ㄅ

1→ 3→ 2→ 4

☑ 誠實

學習百分百 （略）

第一階段闖關解答

第一關

品格紅綠燈

行為表現	關懷（塗紅色）	尊重（塗黃色）	誠實（塗綠色）
考試考不好，會向媽媽承認。			（綠）
我要去公園，弟弟要看電影，我們猜拳決定。		（黃）	
幫助盲人過馬路。	（紅）		
不偷看別人的日記。		（黃）	
同學受傷，我送他去保健室。	（紅）		
在校園裡撿到錢，會交給老師。			（綠）
在家裡看電視，不要把音量開太大聲，以免吵到別人。		（黃）	
做錯事會勇於承認。			（綠）

行為表現	關懷 （塗紅色）	尊重 （塗黃色）	誠實 （塗綠色）
爸爸在說話，我不插嘴。		（黃）	
姊姊在哭，我安慰姊姊。	（紅）		
考試時不偷看別人的答案。			（綠）

品格迷宮轉轉轉

美	人	的	房	間	家	裡	去
入	別	做	放	下	出	發	回
進	沒	錯	牠	給	物	食	拿
己	有	事	會	老	實	承	會
自	一	樣	沒	有	左	認	狗
不	意	同	過	經	右	張	浪
我	要	看	到	街	上	的	流
會	偷	看	同	學	的	考	卷

第二關

第一競技場

量詞：❸、❾；名詞：❶、❷、❹、❺、❽、❿

動詞：❻、❼、⓫、⓬

第二競技場

❶ 遍　❷ 蝸牛　❸ 枝　❹ 蝴蝶　❺ 知道、隻

❻ 顆　❼ 陣、風、吹、葉子　❽ 飄、片

❾ 聽、唱　❿ 堆、堆

第三關

歡樂咖啡杯

摹寫口味的咖啡：【A】、【D】

排比口味的咖啡：【C】、【F】

擬人口味的咖啡：【B】、【E】

紅綠燈停看聽

	紅燈	黃燈	綠燈
看著路上的行人撐著傘快步向前，這場雨來得真不是時候。	●紅	○	○
小皮球真頑皮，跳來跳去忙不停，喜歡和手玩遊戲。	○	●黃	○
媽媽對我們的愛像海一樣深，像山一樣高，像陽光一樣溫暖。	○	○	●綠

修辭碰碰車

ㄅ → B　　　ㄆ → A　　　ㄇ → C

第四單元解答

知識百寶袋

1.❶　　2.❷　　3.❷　　4.❸　　5.❶

故事藏寶圖

第一段：壯碩、瘦弱、離開。

第二段：霸凌、哥哥、正義。

第三段：不再沉默、軟化。

第四段：老師、報警。

第五段：老師、冷漠、旁觀者。

品格放大鏡

👣 想一想，下面的敘述中，你認為正確的請在（　）中打 ✓。

2.(✓)　　3.(✓)　　5.(✓)

👣 讀完「不再沉默」這篇文章後，你覺得這篇文章的內容和哪一種品格有關？請把你的答案塗上顏色。

公平正義

下面的理由，你認為正確的請在（ ）中打✓。

1. (✓)

品格小天使 　（略）

形容詞萬花筒

麵包	骯髒的	壯碩的	操場	走路
飛機	老師	甜甜的	書包	學校
母親節	瘦弱的	冷冷的	美麗的	冰淇淋
上學	我們的	小朋友	運動會	睡覺
藍藍的	潔白的	圓圓的	溫暖的	美味的
電冰箱	新鮮的	長長的	孤單的	高興
大象	快樂的	香香的	看電視	明亮的
散步	溫柔的	寫功課	巨大的	太陽
中秋節	矮小的	地上	扁扁的	星期日

修辭加油站

1.×　　2.○　　3.○　　4.×　　5.×

6.○　　7.○　　8.○　　9.×　　10.○

童話狂想曲

👣 你覺得這個故事中有哪些地方是不符合公平正義的，請在口中打✓。

ㄆ、ㄇ

👣 如果讓你來改寫這篇故事，你要如何讓醜小鴨其他兄弟的行為符合公平正義呢？ 請在口中打✓。

ㄅ、ㄆ

👣 看完這個故事以後，你有什麼想法呢？ 請把它寫出來。 （參考答案）

我覺得兄弟姐妹要相親相愛、 互相幫忙， 不能欺負別人。

圖像急轉彎

1.ㄅ　　2.ㄅ　　3.ㄅ　　4.ㄆ

2→ 1→ 3→ 4

學習百分百　 （略）

第五單元解答

知識百寶袋

1.❶   2.❸   3.❶   4.❷   5.❷

故事藏寶圖

第二段：（向圖書館借書逾期未還）。

第三段：（沒有還）。

第四段：（馬上還）。

第五段：（該準時還）。

第六段：（信用破產）。

第七段：（食言）。

品格放大鏡

👣 想一想，下面的敘述中，你認為正確的請在（ ）中打✓。

1. (✓)   4. (✓)

👣 讀完這篇文章後，你覺得這篇文章的內容和哪一種品格有關？請把你的答案塗上顏色。

信賴

下面的理由，你認為正確的請在（　　）中打
✓。

2. (✓)

品格小天使  （略）

相反詞萬花筒

動動腦，填上正確的相反詞。

❶ 黑夜　　❷ 短　　❸ 關　　❹ 熱　　❺ 骯髒

❻ 難過　　❼ 膽小　　❽ 胖嘟嘟　　❾ 地獄

❿ 下課

當兩個詞的意思完全不一樣，卻出現在同一
個句子時，強烈的對比會讓句子更深刻。下
面的每個句子當中皆藏有一組相反詞，請把
它們圈出來。

1.寒冷、　溫暖　　2.準時、　遲到　　3.長、　短

4.醜、　美麗　　　5.強、　弱　　　　6.出口、　入口

7.失敗、　成功　　8.傷心、　快樂　9.節省、　浪費

10.出去、　進來

修辭加油站

1.○　　2.○　　3.○　　4.×　　5.×

6.○　　7.○　　8.×　　9.○　　10.×

童話狂想曲

你覺得這個故事中，有哪些地方是符合信賴的，請在□中打 ✓。

ㄅ、ㄇ

如果讓你來改寫這篇故事，你覺得八爺可以怎麼做，讓他的行為符合信賴，但是又不會失去性命呢？請在□中打 ✓。

ㄆ、ㄇ

如果讓你來改寫這篇故事，讓七爺、八爺活在現代社會，八爺可以怎麼做，讓他的行為符合信賴，但是又不會失去性命呢？

我覺得八爺可以留紙條或打電話給七爺，告訴七爺因為水太大了，所以他到另一個安全的地方等七爺，這樣八爺就不會被淹死了。

（參考答案）

圖像急轉彎

小朋友，請你仔細看一看下面的圖像故事，你看到了什麼？請在□中打 ✓。

1. ㄅ　　2. ㄆ　　3. ㄅ　　4. ㄆ

小朋友，請你想一想，這個故事的正確順序。

1→ 3→ 2→ 4

學習百分百　（略）

第六單元解答

知識百寶袋

1. ❶　　2. ❸　　3. ❷　　4. ❷　　5. ❷　　6. ❸

故事藏寶圖（一）

文章名稱：寒流來的時候

作者姓名：林澤堯

這篇文章總共分成四段

文章內出現的角色有：澤堯、媽媽、哥哥、大熊、螞蟻、爸爸

作者的結論：喜歡在寒流來襲的日子和哥哥一起活動。

說出三件文章裡提到的事？（參考解答）

★ 澤堯動來動去，不怕寒冷。

★ 媽媽擔任導護老師時，都要一早出門工作。

★ 寒流來的日子，澤堯和哥哥一起溜滑板車。

故事藏寶圖（二）

溫度計上的（紅線）快要看不到了

大家的鼻頭都像紅紅的（草莓）

人人都縮著（脖子）、插著（口袋）

（彎腰駝背）好像矮矮的哈比人

每個人一說話就吐出濃濃的 （白煙）

品格放大鏡

澤堯的媽媽在寒流來的早上， 冒著幾乎結凍的氣溫， 辛苦的工作， 這是一種什麼樣的品格呢？ 請你把答案塗上顏色。

責任

下面的行為中， 符合這種品格的行為請在 （ ） 中打✓。

1. (✓)　　2. (✓)

親愛的小朋友， 你認為以下的行為中， 哪些也是負責任的態度呢？ 請在 （ ） 中打✓。

1. (✓)　3. (✓)　5. (✓)　6. (✓)　8. (✓)　9. (✓)

句型萬花筒 （參考解答）

請你幫忙把下面的句子填上主詞。

1. （小白兔）　　2. （魏老師）　　3. （王小華）
4. （大黑熊）　　5. （阿姨）　　　6. （王建民）

練習一下

1. （夜市裡的小吃又多又好吃， 尤其是香酥的排骨酥是我的最愛。）

2. （這件有小白點的衣服是所有衣服中我最喜歡的一件。）

3.（水果中含有豐富的營養，多吃水果對身體很好。）

修辭加油站

請你判斷一下，下面的句子是「譬喻句」的，請在（ ）中打✓。

1.(✓)　　4.(✓)　　7.(✓)　　9.(✓)

10. 我的身體像彈簧一樣柔軟。（參考解答）

下面的句子，是譬喻句的請打〇，不是的請打✕。

1.(✕)　2.(〇)　3.(〇)　4.(〇)　5.(✕)　6.(〇)

童話狂想曲

1.(〇)　　2.(✕)　　3.(〇)　　4.(〇)

圖像急轉彎

1.ㄅ　　2.ㄆ　　3.ㄅ　　4.ㄆ

2→ 4→ 3→ 1

☑ 沒有責任感

因為蛋頭兄弟把蛋大叔家的玻璃打破就跑走，沒有向蛋大叔道歉。（參考解答）

寫作嘉年華　　（略）

學習百分百　　（略）

第二階段闖關解答

第一關

 品格紅綠燈

行為表現	公平正義 (塗紅色)	信賴 (塗黃色)	責任 (塗綠色)
不做個食言而肥的人。		(黃)	
在學校看到大欺小，趕快報告老師。	(紅)		
向圖書館借書會準時歸還。		(黃)	
做好自己的打掃工作。			(綠)
看到弟妹吵架會去阻止。	(紅)		
每天整理書包。			(綠)
答應別人的事就會做到。		(黃)	

行為表現	公平正義 (塗紅色)	信賴 (塗黃色)	責任 (塗綠色)
照顧好自己不要生病。			（綠）
遊戲時遵守規則。	（紅）		
寫字時會把字一筆一劃寫整齊。			（綠）
不欺負弟妹。	（紅）		

品格迷宮轉轉轉

而	言	等	下	再	去	公	園
有	人	師	老	告	報	要	件
信	做	他	們	不	在	葉	事
才	放	使	答	應	也	樹	凌
會	假	即	生	父	會	紅	霸
得	到	事	的	母	完	片	的
想	大	遊	樂	場	成	一	裡
回	家	的	信	任	學	校	園

第二關

競技場

1. 寬鬆、　瘦小
2. 狡猾、　懶散
3. 臭味、　香氣
4. 善良、　親切
5. 高大、　強壯
6. 膽小、　勇敢

第三關 （參考解答）

競技場

媽媽		紅色小碎花		青春又美麗。
老師	穿著	寬鬆舒適	的褲子，看起來	休閒又瀟灑。
大老鷹		毛絨絨		威風極了。

請將下面的句子加長。 （參考解答）

1. 我喜歡在夏日的午後，走在充滿花香的小巷裡。

2. 經過許多努力和不斷的練習，王建民終於成功了。

3. 炎熱的夏天吃一碗清涼的冰是一種莫大的享受。

第四關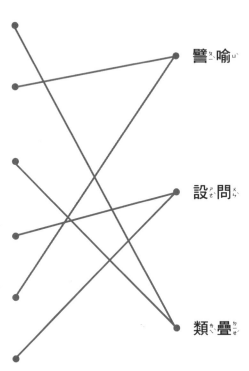

修辭對對碰

❶ 天氣不冷不熱，正是出遊的好日子。

❷ 他跑起來像獵豹一樣快。

❸ 下課時和同學說說笑笑，聊聊學校的趣事。

❹ 咦！奇怪？怎麼一點聲音都沒有？

❺ 老師不在時，教室像菜市場一樣吵鬧。

❻ 要怎樣才能寫出一篇好文章呢？

譬喻

設問

類疊

四季馬拉松

編號	內容	修辭法（請打 ✓）
1	（**春天**）在哪裡？ 春天在花園裡， 你沒看到草兒發出（**綠綠**）的新芽， 花兒也迎風搖擺。	□ 類疊法 □ 譬喻法 ☑ 設問法
2	夏天時， 蟬兒在樹上（**吱吱吱**）的叫著， 好像在（**歌唱**）。	□ 類疊法 ☑ 譬喻法 □ 設問法
3	秋風像（**郵差**）， 將落葉送到每個人的家。	□ 類疊法 ☑ 譬喻法 □ 設問法
4	寒冷的冬天， 我喜歡抱著（**熱呼呼**）的火鍋， （**吃**）個過癮； 寒冷的冬天， 我喜歡躲在被窩裡， （**睡**）個過癮。	☑ 類疊法 □ 譬喻法 □ 設問法

國家圖書館出版品預行編目資料

品格怎麼教 2？：讀報與修辭寫作／萬榮輝等著．吳淑玲
策畫主編．—初版．—臺北市：心理，2008.07
　　面；　公分 .--（教育現場；24）
低年級版
ISBN 978-986-191-152-6（平裝）

1. 德育　2. 寫作法　3. 語文教學　4. 小學教學

523.35　　　　　　　　　　　　　　　　　　97010474

教育現場 24　　**品格怎麼教 2？讀報與修辭寫作【低年級版】**

策畫主編：吳淑玲
作　　者：萬榮輝等
執 行 編 輯：陳文玲
總 　編 　輯：林敬堯
發 　行 　人：洪有義
出 　版 　者：心理出版社股份有限公司
社　　址：台北市和平東路一段 180 號 7 樓
總　　機：(02) 23671490　　傳　真：(02) 23671457
郵　　撥：19293172　心理出版社股份有限公司
電 子 信 箱：psychoco@ms15.hinet.net
網　　址：www.psy.com.tw
駐 美 代 表：Lisa Wu　　tel: 973 546-5845　fax: 973 546-7651
登 　記 　證：局版北市業字第 1372 號
電 腦 排 版：葳豐企業有限公司
印 　刷 　者：正恒實業有限公司
初 版 一 刷：2008 年 7 月
初 版 二 刷：2009 年 9 月

ISBN 978-986-191-152-6

讀者意見回函卡

No. _____　　　　　　　　　　填寫日期：　年　月　日

感謝您購買本公司出版品。為提升我們的服務品質，請惠填以下資料寄回本社【或傳真(02)2367-1457】提供我們出書、修訂及辦活動之參考。您將不定期收到本公司最新出版及活動訊息。謝謝您！

姓名：＿＿＿＿＿＿＿＿　　性別：1□男　2□女

職業：1□教師 2□學生 3□上班族 4□家庭主婦 5□自由業 6□其他＿＿

學歷：1□博士 2□碩士 3□大學 4□專科 5□高中 6□國中 7□國中以下

服務單位：＿＿＿＿＿＿＿　部門：＿＿＿＿　職稱：＿＿＿＿

服務地址：＿＿＿＿＿＿＿＿＿　電話：＿＿＿　傳真：＿＿＿

住家地址：＿＿＿＿＿＿＿＿＿　電話：＿＿＿　傳真：＿＿＿

電子郵件地址：＿＿＿＿＿＿＿＿＿＿＿＿＿＿＿

書名：＿＿＿＿＿＿＿＿＿＿＿＿＿＿＿＿＿＿＿

一、您認為本書的優點：（可複選）

　❶□內容 ❷□文筆 ❸□校對 ❹□編排 ❺□封面 ❻□其他＿＿

二、您認為本書需再加強的地方：（可複選）

　❶□內容 ❷□文筆 ❸□校對 ❹□編排 ❺□封面 ❻□其他＿＿

三、您購買本書的消息來源：（請單選）

　❶□本公司 ❷□逛書局⇨＿＿＿書局 ❸□老師或親友介紹

　❹□書展⇨＿＿書展 ❺□心理心雜誌 ❻□書評 ❼其他＿＿＿

四、您希望我們舉辦何種活動：（可複選）

　❶□作者演講 ❷□研習會 ❸□研討會 ❹□書展 ❺□其他＿＿

五、您購買本書的原因：（可複選）

　❶□對主題感興趣 ❷□上課教材⇨課程名稱＿＿＿＿＿＿＿

　❸□舉辦活動 ❹□其他＿＿＿＿＿＿　　　（請翻頁繼續）

廣　告　回　信
台 北 郵 局 登 記 證
台 北 廣 字 第 940 號

（免貼郵票）

 心理出版社 股份有限公司

台北市 106 和平東路一段 180 號 7 樓

TEL: (02) 2367-1490
FAX: (02) 2367-1457
EMAIL:psychoco@ms15.hinet.net

沿線對折訂好後寄回

六、您希望我們多出版何種類型的書籍

　❶□心理　❷□輔導　❸□教育　❹□社工　❺□測驗　❻□其他

七、如果您是老師，是否有撰寫教科書的計劃：□有□無

　書名／課程：＿＿＿＿＿＿＿＿＿＿＿＿＿＿＿＿＿＿＿＿＿

八、您教授／修習的課程：

上學期：＿＿＿＿＿＿＿＿＿＿＿＿＿＿＿＿＿＿＿＿＿＿＿

下學期：＿＿＿＿＿＿＿＿＿＿＿＿＿＿＿＿＿＿＿＿＿＿＿

進修班：＿＿＿＿＿＿＿＿＿＿＿＿＿＿＿＿＿＿＿＿＿＿＿

暑　假：＿＿＿＿＿＿＿＿＿＿＿＿＿＿＿＿＿＿＿＿＿＿＿

寒　假：＿＿＿＿＿＿＿＿＿＿＿＿＿＿＿＿＿＿＿＿＿＿＿

學分班：＿＿＿＿＿＿＿＿＿＿＿＿＿＿＿＿＿＿＿＿＿＿＿

九、您的其他意見

＿＿＿＿＿＿＿＿＿＿＿＿＿＿＿＿＿＿＿＿＿＿＿＿＿＿＿＿

謝謝您的指教！　　　　　　　　　　　　　　41124

筆
記
欄

筆
記
欄

筆記欄

筆
記
欄

筆記欄

筆
記
欄